Da Vinci Revelado

Editora Appris Ltda.
1.ª Edição - Copyright© 2024 do autor
Direitos de Edição Reservados à Editora Appris Ltda.

Nenhuma parte desta obra poderá ser utilizada indevidamente, sem estar de acordo com a Lei nº 9.610/98. Se incorreções forem encontradas, serão de exclusiva responsabilidade de seus organizadores. Foi realizado o Depósito Legal na Fundação Biblioteca Nacional, de acordo com as Leis nos 10.994, de 14/12/2004, e 12.192, de 14/01/2010.

Catalogação na Fonte
Elaborado por: Dayanne Leal Souza
Bibliotecária CRB 9/2162

G146d 2024	Galahad, Santiago Da Vinci revelado / Santiago Galahad. – 1. ed. – Curitiba: Appris, 2024. 283 p. : il. ; 23 cm. Inclui apêndices. ISBN 978-65-250-6951-7 1. Religião. 2. Ocultismo. 3. Arte. 4. Sociedade secreta. 5. Maçonaria. 6. Leonardo da Vinci. I. Galahad, Santiago. II. Título. CDD – 366

Appris editora

Editora e Livraria Appris Ltda.
Av. Manoel Ribas, 2265 – Mercês
Curitiba/PR – CEP: 80810-002
Tel. (41) 3156 - 4731
www.editoraappris.com.br

Printed in Brazil
Impresso no Brasil

Santiago Galahad

Da Vinci Revelado

artêra
editorial

Curitiba, PR
2024

FICHA TÉCNICA

EDITORIAL
Augusto Coelho
Sara C. de Andrade Coelho

COMITÊ EDITORIAL
Ana El Achkar (Universo/RJ)
Andréa Barbosa Gouveia (UFPR)
Antonio Evangelista de Souza Netto (PUC-SP)
Belinda Cunha (UFPB)
Délton Winter de Carvalho (FMP)
Edson da Silva (UFVJM)
Eliete Correia dos Santos (UEPB)
Erineu Foerste (Ufes)
Fabiano Santos (UERJ-IESP)
Francinete Fernandes de Sousa (UEPB)
Francisco Carlos Duarte (PUCPR)
Francisco de Assis (Fiam-Faam-SP-Brasil)
Gláucia Figueiredo (UNIPAMPA/ UDELAR)
Jacques de Lima Ferreira (UNOESC)
Jean Carlos Gonçalves (UFPR)
José Wálter Nunes (UnB)
Junia de Vilhena (PUC-RIO)

Lucas Mesquita (UNILA)
Márcia Gonçalves (Unitau)
Maria Aparecida Barbosa (USP)
Maria Margarida de Andrade (Umack)
Marilda A. Behrens (PUCPR)
Marília Andrade Torales Campos (UFPR)
Marli Caetano
Patrícia L. Torres (PUCPR)
Paula Costa Mosca Macedo (UNIFESP)
Ramon Blanco (UNILA)
Roberta Ecleide Kelly (NEPE)
Roque Ismael da Costa Güllich (UFFS)
Sergio Gomes (UFRJ)
Tiago Gagliano Pinto Alberto (PUCPR)
Toni Reis (UP)
Valdomiro de Oliveira (UFPR)

SUPERVISORA EDITORIAL
Renata C. Lopes

ASSESSORIA EDITORIAL
Sabrina Costa

PRODUÇÃO EDITORIAL
Daniela Nazario

REVISÃO
Camila Dias Manoel

DIAGRAMAÇÃO
Bruno Ferreira Nascimento

CAPA
Daniela Baumguertner

REVISÃO DE PROVA
Jibril Keddeh

Sumário

PrimeiraQuestão 7

Segunda Questão 9

ET IN ARCADIA EGO 15

Sandro Botticelli 23

Leonardo da Vinci 39

A Criança 49

A Última Ceia? 55

A Mona Lisa 67

Mensagens Ocultas 77

Salai 85

Indícios 99

O Número Mágico 101

Andrógino 119

O Santo Graal 131

A Luta dos Opostos 137

INRI 155

A Cabeça de Jesus 167

Códigos e Manuscritos 185

SIG POUSSIN 201

O Eremita 205

A Cidade dos 99 215

A Antítese de Roma 231

O Descendente de Jesus 253

Epílogo 257

Apêndice I 269

Apêndice II 277

Apêndice III 279

Apêndice IV 281

Primeira Questão

Quem foi a MONA LISA?

Rafael, o pintor, visitou o ateliê de Leonardo na época em que este estava pintando o retrato de Lisa Gherardini e ficou tão fascinado pelo trabalho que logo depois fez um esboço retratando o que vira. Esse esboço é conhecido como *Jovem num balcão*, e ficou famoso entre os especialistas de Leonardo por levantar a polêmica sobre a real identidade da **Mona Lisa do Louvre**, pois muitos acreditam que o desenho de Rafael é que seria a representação fiel de Lisa Gherardini. Confiram o desenho:

DA VINCI REVELADO

Retornaremos à identidade da MONA LISA posteriormente...

Segunda Questão

O **Priorado de Sião** seria uma Sociedade Secreta que teria como objetivo proteger descendentes de Jesus Cristo e Maria Madalena, que teve ilustres Grão-Mestres, como Leonardo da Vinci?

Ou uma farsa muito bem elaborada nas décadas de 60 e 70 do século XX? Um mero conto de fadas?!

Pois bem... Essa é **Kilmore Church**, que significa *Igreja de Maria*:

Nela se encontram evidências de que muitas perguntas em relação a esse assunto ainda estão sem respostas, como neste vitral do interior da igreja, por exemplo:

O que ele significa?

Isso é uma daquelas coisas que fazem a gente pensar "Será que essa história está mesmo bem contada?" Pois certamente há algum detalhe inusitado aí nesse vitral.

Querem mesmo saber o que significa? Significa que Jesus está de mãos dadas com... **Maria Madalena GRÁVIDA**!

Maria Madalena? Vejam a seguinte inscrição que está no vitral:

"Maria escolheu a boa parte, a qual não lhe será tirada".

Essa inscrição é bíblica. Está em *Lucas 10:42*, na parte que fala de uma visita que Jesus fez à casa de Maria, em Betânia (Betânia era a cidade onde Maria Madalena morava, e não Magdala, como querem os historiadores. O termo "Madalena", na verdade, é um título que vem da palavra hebraica *"Migdal"*, cujo significado é TORRE. É por isso que essa igreja possui uma enorme torre, além de se chamar *Igreja de Maria*). A mesma visita também consta nos outros três evangelhos. Nenhuma delas nos deixa dúvidas de que essa Maria é mesmo a Madalena. Porém os evangelhos não nos dizem por que Jesus foi visitá-la, o que torna essa passagem uma das mais estranhas em relação a sua vida. Mas, em contrapartida, se lermos com atenção essas passagens, não dá para negar que elas descrevem um momento deveras íntimo entre Maria e Jesus, que em algumas horas chega mesmo a lembrar um tipo de casamento místico, ou ritualístico. Porém o engraçado é essa passagem estar representada logo ali, num vitral que mostra **claramente Jesus e Maria de mãos dadas, na maior intimidade**, e com ela aparentemente grávida!

Em que época esse vitral foi feito?

Ele foi feito na primeira década do século XX. Cinquenta anos antes da "lenda" do Priorado surgir?!

Para vocês verem que esse negócio de farsa é conversa fiada dos acadêmicos. Esses querem provar de qualquer jeito que nunca existiu nenhuma linhagem de Jesus e Madalena. No entanto, seus argumentos falham diante das evidências, como acabamos de constatar, ou seja, que existe SIM algo maior nessa história. E tem mais: o vitral foi feito **décadas antes do descobrimento dos evangelhos gnósticos** e, consequentemente, **de qualquer especulação aberta acerca do relacionamento entre Jesus e Maria**. Ou alguém está mentindo, ou os fatos ainda não foram totalmente averiguados.

Mas o que isso tudo tem a ver com a Mona Lisa e com o retrato de Lisa Gherardini?

Melhor irmos com calma, senão nos perderemos facilmente no emaranhado de informações que nada mais são do que um dédalo intelectual para aqueles mais desavisados.

A priori, sugiro que façamos uma varredura no passado em busca de algum indício que nos ligue ainda mais a essa história. Uma boa ideia seria darmos uma rápida "escaneada" na biografia de Leonardo da Vinci.

Mas por que Leonardo da Vinci? Os acadêmicos que desacreditaram essa história não disseram que a sua vida já fora "escaneada" até demais? Ninguém nunca encontrou um só indício de ligação alguma.

Só que não foi bem "escaneada" não. Ninguém até hoje conseguiu explicar os inúmeros mistérios que aparecem tanto na sua obra quanto na sua vida. E sobre tê-lo escolhido: foi porque o seu nome na lista de Grão-Mestres do Priorado foi uma das coisas que mais geraram polêmica e debate. É como naquele ditado "Onde há fumaça, há fogo".

Na época em que estava pesquisando o assunto, eu já desconfiava da ligação de Leonardo com alguma ordem secreta, mas foi então que uma grande ideia me ocorreu.

É o seguinte: se eu quisesse provar essa alegação, o mais sensato seria procurar evidências de **alguma criança inusitada que teria feito parte da vida dele**. Afinal, se Leonardo jurara proteger um descendente do próprio Jesus, como a lenda menciona, **não seria natural que ele tivesse vivido com alguma criança, digamos, especial**?

Vocês podem achar que agora fui longe demais, pois, além de ser um solteirão, possivelmente homossexual, Leonardo era um solitário convicto. Será que essa criança então não existe?

Pois vou demonstrar que ela existe sim!

ET IN ARCADIA EGO

Reconhecem esta pintura?

Quem a pintou foi Nicolas Poussin. Ela se chama *Os pastores da Arcádia* e se encontra no Museu do Louvre. Essa bela obra foi pintada em 1637. Resolvi mostrá-la agora porque, segundo alguns, todo o mistério do Priorado de Sião se resume nela.

Mas o tema dos *Pastores da Arcádia* não era algo comum nas pinturas do renascimento e do barroco?

Tudo bem, pode até não ter nada de mais alguns pastores numa paisagem. Só que o diferencial aqui, entre outras coisas que não cabe falar agora, é a estranha inscrição que eles estão lendo no túmulo, ***ET IN ARCADIA EGO***, que significa algo como *Eu também em Arcádia*. Foi isso aí que determinou a discussão. Alguns já até argumentaram que esse túmulo existe e se encontra em algum lugar. Todavia, nunca foi localizado. Até disseram que ele estaria no Sul da França, numa região próxima a Rennes-le-Château, porque lá encontraram um túmulo parecido com o da pintura, mas essa hipótese foi logo descartada quando viram que a paisagem da obra não coincidia com o local descrito. Além do mais, há outras versões de *Os pastores da Arcádia*, inclusive uma do próprio Poussin, que mostram um túmulo completamente diferente. Daí poderia se concluir que o túmulo está mais para o simbólico do que para o real?

Agora quanto à inscrição: a interpretação ACEITA é a de que ela esteja lá para passar a mensagem de que a morte chega até para aquele que vive na Arcádia, ou seja, a morte chega para todos!

Seria essa a razão de o túmulo também estar lá? Então como que o mistério do Priorado de Sião se resume nesta obra?

Há muito mais coisas nessa pintura, coisas que até hoje ninguém conseguiu decifrar. E, se alguns estão convencidos de que essa obra é inocente, saibam que outros não, como um padre que viveu em Rennes-le-Château.

Seu nome era Bèrenger Saunière. Ele era o pároco responsável pelos cuidados de uma igreja **dedicada à Maria Madalena.**

Dizem que tudo começou quando ele decidiu reformar a igreja. Então, durante as obras, quando a pedra do altar fora retirada, ele teria descoberto alguns manuscritos que não conseguiu traduzir, o que o levou a buscar ajuda de pessoas influentes de Paris. Daí, após terem logrado êxito ao decifrá-los, dizem que Saunière foi ao Museu do Louvre para requisitar uma cópia de *Os pastores da Arcádia*. Interessante, não fosse pelo detalhe de que os "céticos" afirmam que tudo isso também é uma farsa. E o pior: alegam eles que a "estória" foi articulada pelos mesmos "farsantes" que criaram o Priorado de Sião.

Então como eles explicam que o padre Saunière, que **realmente existiu**, tenha ficado tão rico de uma hora para outra? E a questão da reforma da igreja, que nada tem de lendária, pois, quando ficou pronta, o resultado foi um dos recintos mais estranhos que existem... Por exemplo, ao entrar nela, o visitante é recebido logo de cara por um... **diabinho**, personagem esdrúxulo de se ver na "Casa de Deus", não é mesmo?!

Também há um painel que mostra algumas pessoas carregando Jesus próximo a um túmulo. Todavia, Saunière fez questão de colocar uma LUA CHEIA nesse painel. Será que ele quis dizer que a ressurreição na verdade não foi uma baita conspiração, já que Jesus só poderia estar sendo retirado do túmulo durante a noite?

Além disso, há muito mais símbolos estranhos nesta igreja e tudo ainda está lá e pode ser visto por qualquer pessoa. Saunière também gastou muito dinheiro na construção de uma torre que chamou de **Torre Magdala**, além de uma luxuosa vila próxima à igreja, a que deu o nome de **Vila Betânia**.

Coincidências?! Pois de novo aí está uma **forte conexão com Maria Madalena**, como acontece em Kilmore Church. (Já foi explicado que Madalena, ou Magdala, vem de Migdal, que é "torre", daí, Torre Magdala. E, quanto à Vila Betânia, já vimos que Betânia era a cidade onde Maria vivia.)

E como Saunière conseguiu gastar enormes quantias em objetos de luxo e antiguidade, passou a ser visitado por pessoas da mais alta classe e, no seu leito de morte, após ter se confessado a um padre que fora designado para lhe dar os últimos sacramentos, a extrema-unção lhe foi brutalmente negada, além de esse padre ter fugido e depois ter vivido recluso sem nunca mais voltar a sorrir?! O que será que Saunière lhe confessou de tão grave?

Podemos ver que a história de Saunière está mesmo mal contada. E qual o sentido em ligá-la com o quadro de Poussin?

Analisemos outro fato que demonstra ainda mais que o quadro de Poussin deve mesmo guardar algum segredo. Esse fato, aliás, é muito mais interessante que o de Saunière e envolve ninguém menos que o Rei da França Luís XIV e o seu superintendente de finanças, o poderoso **Nicolas Fouquet**.

Nicolas Fouquet foi o grande rival do Rei Luís XIV. Além disso, ele foi um homem culto, um mecenas que amava as artes e as letras, e que viveu rodeado por artistas e escritores de renome, como o próprio **Nicolas Poussin**, que era seu amigo, além de ter salvado a França do caos econômico quando foi superintendente de finanças no reinado de Luís XIV. E, como se isso não bastasse, ele ficou bilionário e mandou construir um palácio que se tornaria algum tempo depois o próprio modelo para Versailles, o *Château Vaux-le-Vicomte*. Seu poder e influência eram tamanhos que alguns chegaram a chamá-lo de "O verdadeiro Rei da França". Até o povo o admirava!

Não obstante tanta glória, sua ruína chegou no dia da festa de inauguração do seu palácio, em 1661.

Tal festa entrou para a história, de tão luxuosa que foi. O próprio François Vatel, o criador do *Creme de Chantilly*, foi o responsável pelo estupendo banquete. Enfim, Fouquet não mediu esforços para agradar ao rei, já que este era o seu convidado de honra, mas a verdade é que ele exagerou nas "pompas e circunstâncias". O resultado foi que Luís XIV ficou com uma baita inveja e concluiu que ali estava alguém que era uma verdadeira ameaça ao seu reinado.

Assim que terminou a gloriosa recepção, o rei tomou a decisão de acabar com seu êmulo de uma vez por todas.

Quase um século depois, Voltaire se referiria a este episódio com a brilhante frase:

"Às 6 horas da tarde Fouquet era o rei da França; às 2 horas da manhã não era mais ninguém".

E é aí que entra o quadro de Nicolas Poussin.

Para concretizar o seu plano, o rei precisava de um forte motivo, e este veio na forma de uma conspiração arquitetada por uma das sociedades secretas mais influentes da época, a **Companhia do Santo Sacramento**. Essa organização, cujo objetivo era a deposição do reinado absolutista de Luís XIV e que dizia possuir um grande segredo, tinha ligações com Nicolas Fouquet. Sua mãe e dois de seus irmãos eram membros dela. Talvez por isso ele tenha descoberto o grande segredo da Companhia do Santo Sacramento alguns anos antes da inauguração de seu palácio, o que o fez mandar seu irmão, o padre Louis, para Roma a fim de ter uma audiência com Poussin, pois o autor de *Os pastores da Arcádia* trabalhava no Vaticano já havia muito tempo (ou seja, outro padre envolvido com a famigerada pintura). Logo após a audiência com Poussin, o padre Louis enviou uma estranha carta para seu irmão com as seguintes palavras:

"Roma, 1656. Nós discutimos certas coisas que eu explicarei a você com detalhes, coisas que darão a você, por meio do Sr. Poussin, vantagens que até mesmo reis teriam extrema dificuldade de arrancar dele, e que, de acordo com ele, é possível que mais ninguém consiga descobrir durante os séculos que estão por vir. E há mais, estas coisas são tão difíceis de descobrir que nada nesta terra pode ser considerado maior ou igual tesouro."

Então foi aí que o rei finalmente havia encontrado o motivo que acabaria com o seu rival de uma vez por todas, ou seja, ele foi informado da existência da carta. Daí ele imediatamente deu ao capitão dos mosqueteiros, **D'Artagnan**, a ordem para que prendesse Nicolas Fouquet e confiscasse todos os seus bens. Todas as suas correspondências passaram então pelo escrutínio do rei, que começou a lê-las pessoalmente.

E quanto ao padre Louis?

Morreu assassinado! Só que não se sabe se foi o rei quem ordenara a sua morte. E, quanto ao destino de Nicolas, este foi acusado de corrupção e depois foi julgado. Tal julgamento foi a sensação da França na época, abalando toda a opinião pública. Além do mais, foi um processo bastante demorado. O rei pedia insistentemente a sentença de morte, mas não conseguia porque o réu tinha o apoio do povo, dos artistas e de muitas pessoas importantes, como alguns membros da Cia. do Santo Sacramento. Finalmente, encerrado o longo processo, acabaram então por chegar ao seguinte acordo: prisão por tempo indeterminado. Todavia, o rei não se deu por satisfeito, é claro. Ele articulou para que todos os meios de comunicação, como conversas e papéis para escrever, fossem negados a Fouquet. E durante longos 16 anos o homem que salvou a França do caos econômico ficou totalmente incomunicável.

Ninguém podia ter um único contato sequer com ele. Foi assim que Nicolas Fouquet, ao morrer em total isolamento, entrou para a história como o HOMEM DA MÁSCARA DE FERRO.

Ao se ver livre do seu maior rival, o Rei Luís ordenou a construção do palácio de Versailles. Para isso, ele contratou os mesmos artistas que construíram o Château Vaux-le-Vicomte e disse em seguida que daria festas extravagantes que fariam as pessoas se esquecerem daquela faustosa recepção que uma vez o havia humilhado. Quanto ao quadro *Os pastores da Arcádia*, o rei fez com que ele fosse levado de Roma para a sua corte em Paris após a morte de Poussin. **Foi assim que durante anos essa obra ficou ocultada nos seus aposentos.** Somente depois da morte dele é que ela foi levada ao Louvre.

Mas por que o quadro ameaçava tanto o poderoso *Rei Sol*?

Talvez o motivo esteja relacionado com o trono francês e que poderia tornar Luís XIV o ilegítimo Rei da França. Daí o fato de ele ter privado Fouquet de todos os meios de comunicação e de ter escondido a prova de sua ilegitimidade nos seus aposentos. Isso também explica por que Saunière **recebeu visitas de pessoas importantes, possivelmente ligadas à nobreza europeia.**

Será que Saunière conhecia a história de Nicolas Fouquet?

Possivelmente, pois mais coincidências surgirão, se considerarmos que aquele relato dos manuscritos não foi uma farsa.

Saunière foi a Paris para obter uma cópia exata do quadro de Poussin. Acontece que ele também havia requisitado cópias de mais dois outros quadros. Um é uma obra de David Teniers que não pôde ser identificada. O outro é uma pintura anônima que representa a coroação do **PAPA CELESTINO V**, e é a desse Papa que torna essa história **menos misteriosa e decifrável**.

Quais são as coincidências?

Poussin trabalhava no Vaticano na época em que Louis Fouquet, **um padre**, foi enviado para se encontrar com ele. Também foi no **Vaticano** que Poussin pintou seu famoso quadro. Séculos depois, aparece **outro padre**, Bèrenger Saunière, requisitando uma cópia dos *Pastores* e outra de uma pintura de **um Papa**, Celestino V. Por quê? Bom, isso só seria possível se esse mistério não estiver relacionado somente com a posse do trono francês, **mas também envolvesse todo o Vaticano, é óbvio!**

Sandro Botticelli

Vamos deixar *Os pastores* de Poussin para depois. Como afirmei que ele é a chave para entender certos mistérios do Priorado de Sião, o que seria antes mais adequado analisar do que a obra e a vida de Leonardo da Vinci?

Para isso, temos que dar uma rápida olhada naquele que aparece como o antecessor de Leonardo na suposta lista de Grão-Mestres do Priorado, Sandro Botticelli. Afinal de contas, ambos foram amigos e trabalharam juntos durante algum tempo.

Sandro Botticelli foi um dos maiores pintores da Renascença. Nascido em Florença, lá ele viveu a maior parte de sua vida. Sua arte foi marcada pela leveza, sensualidade, graciosidade e a ênfase na beleza como reação ao naturalismo científico que se desenvolvia na época. Teve como grande patrono uma das famílias mais poderosas da Itália, os Médicis.

Mas a questão aqui é saber se Botticelli poderia mesmo ter sido Grão-Mestre do Priorado de Sião.

Bom, se os "céticos" duvidam da participação de Leonardo no Priorado, se é que tal ordem existia naquela época, o envolvimento de Botticelli pode ser, digamos, mais verossímil, já que sabemos mui pouco sobre a vida deste grande artista. Para isso, basta preencher as lacunas com algumas informações forçadas, não?!

No entanto, sabemos que Botticelli concebeu uma das artes mais pagãs da história e que ele também se simpatizava por **filosofias esotéricas e herméticas**, como o neoplatonismo, quando trabalhou para os Médicis. Outra curiosidade é que ele era vegetariano, assim como Leonardo, e veremos que essa informação será relevante. Mas, se quisermos achar mesmo um indício comprometedor, temos que analisar algumas de suas principais obras.

Para facilitar essa análise, costumo dividir seu trabalho em duas fases. A primeira é a fase na qual ele adotou uma temática pagã. Inclui um período que vai de 1470 até 1490. A segunda é a fase cuja temática é mais religiosa. Inclui quase toda a década de 1490. Portanto, vamos chamar a primeira de FASE PAGÃ e a segunda de FASE RELIGIOSA, para melhor assimilação.

Na fase pagã, Florença era "governada" pelos Médicis. Como Botticelli tinha uma estreita ligação com essa poderosa família, fica mais fácil entender por que ele se utilizou do paganismo clássico como tema.

Na fase religiosa, o poder de Florença passou para o fanático monge Girolamo Savonarola. O que marcou muito Botticelli nesta fase foi uma crise existencial causada pelo afastamento de seus principais patronos do poder florentino após a morte de seu maior representante, Lorenzo de Médici, conhecido em sua época como Lorenzo, o Magnífico. O que se viu logo depois foi uma austeridade e moralismo marcados pelo radicalismo religioso e reformador de Savonarola, que mandava para fogueira aqueles que se utilizavam do paganismo como foco. Daí o fato de Botticelli ter usado uma temática mais religiosa nesta fase. Então vamos ver quatro obras divididas em dois grupos que representam muito bem essas fases. Começaremos pelas duas principais pinturas da fase pagã.

Essas magníficas obras foram encomendadas para enfeitar uma residência dos Médicis. Ambas representam **a Deusa, ou o Sagrado Feminino**, que é o princípio criador da natureza. A personagem que se liga a esse princípio na mitologia clássica é a **Deusa Vênus**, ou Afrodite, e é ela quem está bem no centro das duas pinturas. Nessas pinturas, assim como em algumas outras de Botticelli, há uma certa **configuração pentagonal** formada pelos gestos das personagens. Vamos ver isso em detalhes, começando pela linda obra *O Nascimento de Vênus*, que é a pintura mais famosa de Botticelli. Para a maioria das pessoas, ela é sinônimo de pintura renascentista, assim como o David de Michelângelo é para a escultura. A primeira coisa que devemos fazer é identificar cada personagem para facilitar sua análise. Essas personagens representam entidades da mitologia clássica, como deuses e ninfas, e todas elas estão **relacionadas ao princípio criador da natureza**.

Identificadas as personagens, agora podemos falar sobre a configuração pentagonal que citei. Note que a deusa Hora com a Vênus parecem formar um **pentágono invisível com os seus gestos**. Hora parece querer ocultar a nudez de Vênus, que acabara de nascer de uma concha de madrepérola, mas realmente a impressão que se tem é que Hora está segurando alguma coisa, como um tipo de **objeto invisível suspenso em sua mão**. E, se prestarmos bem atenção nas faces do deus Zéfiro e de sua amante, a ninfa Clóris, veremos que **eles parecem olhar para esse suposto objeto**. E isso é interessante, pois, se percebermos bem, **eles**

olham numa direção em que não há nada na tela, como se algo ali que não podemos enxergar existisse.

Aí está! Eis a configuração pentagonal. Agora, se ligarmos os vértices não adjacentes do pentágono,

descobriremos que o objeto, na verdade, era a famosa **estrela de cinco pontas**, o **Pentagrama**, que é o **próprio símbolo da deusa Vênus**. Assim como a *Estrela d'Alva*, que é outra maneira de se nomear o pentagrama, representa o planeta Vênus. Agora ficou claro que essa estrela está sendo segurada por Hora. Também ficou claro que Zéfiro e Clóris pareciam mesmo olhar para algo oculto. **Seus olhares agora miram exatamente a estrela**.

E veja que, pelas suas expressões, eles parecem bastante surpresos, como se estivessem vendo algo maravilhoso, extraordinário.

Vamos então para a segunda pintura, *A Primavera*. Mas primeiro devemos ver a identificação das personagens, como fizemos anteriormente.

Como podemos ver, agora temos os deuses Eros (Cupido), Hermes (Mercúrio) e as deusas Graças, que são aquelas três, além de Vênus (Afrodite), Zéfiro e Clóris, que já vimos na primeira pintura. Só não temos a deusa Hora desta vez. Mas, sobre Clóris, há uma coisa bem interessante aqui. Ela está representada de duas maneiras: uma é em seu estado de ninfa, porém, quando Zéfiro tenta abraçá-la, ela logo se transforma na deusa Flora, que era o seu outro estado. Foi muito criativa a maneira como Botticelli mostrou a metamorfose de Clóris. Isso nos lembra aquele dinamismo ou movimento de imagens muito familiar aos desenhistas. O próprio Leonardo utilizou do mesmo recurso em uma de suas pinturas, como veremos doravante. Mas agora, sobre a questão "se existe algum objeto oculto nesta pintura", há uma pista reveladora, assim como havia no Nascimento de Vênus.

Prestem bem atenção no Cupido. Repare que ele está com uma **venda nos olhos e que sua flecha dá a impressão de estar sendo apontada para uma das Graças**. No entanto, isso não faz o menor sentido, não até percebermos que as Graças também **parecem formar um pentágono com seus graciosos gestos**. Seguindo a lógica, utilizarei o mesmo método da pintura anterior.

E, ligando-se os vértices não adjacentes,

temos aí, novamente, a estrela de cinco pontas. **A Estrela da Deusa**! E, assim como os olhares de Zéfiro e Clóris no *Nascimento de Vênus*, percebemos agora que a flecha do Cupido aponta DIRETAMENTE para a estrela!

E bem para o centro dela!

Faz sentido, não?! Isso só prova que Botticelli **quis mesmo ocultar a estrela de cinco pontas nesses dois quadros**, o que não é de se estranhar, pois eles **representam a deusa Vênus ou o Sagrado Feminino**, e a figura que a simboliza é justamente essa linda estrela.

Seria então Botticelli um **adorador da deusa**? Se a resposta for sim, aí está um indício de envolvimento com alguma Sociedade Secreta.

Todavia, uma coisa importante deve ser ressaltada: **a estrela de Vênus parece ser o centro de tudo o que está acontecendo nas pinturas**, ou seja, toda a dinâmica dessas representações gira em torno dela. Na primeira obra, vejam como Zéfiro sopra sobre ela. E na segunda, além das ações de Cupido e das Graças, que parecem estar adorando a estrela, vejam como Flora se dirige para ela jogando as suas flores e o deus Mercúrio espanta as nuvens de cima dela. **Parece que todos manifestam as suas forças criadoras para essa sagrada figura**. E, é claro, a deusa Vênus está fazendo um gesto em direção a ela, como se estivesse abençoando-a, o que não poderia deixar de acontecer, pois já vimos que a estrela é o símbolo dela. Por falar nesse gesto, vejam que no *Nascimento de Vênus* ela aponta sua mão para a direita, enquanto em *A Primavera* ela a aponta para a esquerda. **Essas são justamente as direções em que a estrela se encontra.**

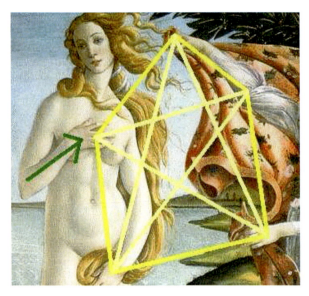

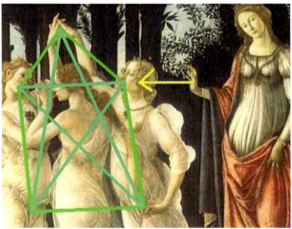

      Mas por que na primeira pintura Vênus está nua e na segunda ela está vestida?

      Boa pergunta! Ela está nua na primeira porque **está nascendo**, ou seja, o princípio criador da natureza está começando a se manifestar. Na segunda, ela está vestida porque o princípio criador já está em **plena maturidade**. Em outras palavras, está na PRIMAVERA, daí o nome da obra.

      Bom, já temos o primeiro indício, mas o mais importante ainda está por vir. Vamos passar para as duas pinturas da fase religiosa, que são a *Crucificação Mística* e a *Natividade Mística*.

Apesar de Botticelli ter sido obrigado a retratar temas religiosos nessa fase por causa do radicalismo de Savonarola, mesmo assim encontraremos mensagens ocultas nestas duas pinturas. Começaremos então pela Crucificação Mística.

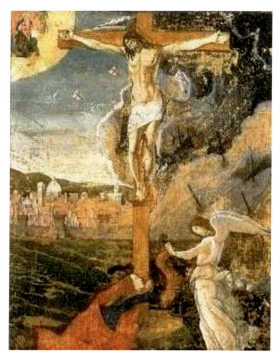

Logo de cara, já podemos ver um detalhe bastante revelador (a mulher que está ao pé da cruz).

Aí está **Maria Madalena**, SOZINHA, abraçada à cruz de Jesus. Sabemos que é ela porque os artistas da Renascença a representavam com **cabelos ruivos**.

E isso realmente é algo muito estranho. De acordo com os evangelhos, Maria Madalena não estava sozinha durante a crucificação. Havia mais mulheres com ela. Mesmo assim, Botticelli quis dar uma importância toda especial a ela. E, ainda por cima, retratou-a abraçando a cruz **com muita paixão**. Outro detalhe perturbador **é a barriga de Maria Madalena**, que está bem mais avolumada do que aquelas famosas barriguinhas que a estética renascentista tanto apreciava. Então, pergunto: **será que ela estaria... grávida?**

Porém, o mais esquisito é o que vem a seguir. Há um anjo ao lado de Maria, que está segurando uma raposa, só que a maneira como o corpo desse animal está representado lembra muito a forma de uma **letra S**. E, ao lado do flanco esquerdo de Jesus, anexo à cruz, há uma coisa parecida com uma saliência escura que, com a cruz, parece formar algo como a **letra P**.

Um P e um S perfeitos! Estas letras sugerem alguma coisa? **Priorado de Sião?!**

E se for só uma coincidência? Será?! **Pois vejam o que há ao lado do flanco direito de Jesus:**

Aqui estão dois pequenos emblemas que, vistos com mais atenção, não deixam dúvidas do que eles realmente são: **A INSÍGNIA DOS CAVALEIROS TEMPLÁRIOS!**

Vamos recapitular! Isso quer dizer que Botticelli pintou um quadro que supostamente mostra Maria Madalena grávida e sozinha aos pés de Jesus, abraçando fogosamente a cruz, como se demonstrasse paixão e intimidade, e que, ainda por cima, ele também colocou as letras PS e a insígnia dos Cavaleiros Templários? Tudo isso numa pintura só? Bom, a obra fala por si mesma.

Diante desses indícios, não há mais como negar que já temos informações suficientes para se dizer que aí está uma prova de que **a lenda do Priorado pode ser muito mais antiga do que sugerem os acadêmicos**. Mesmo assim, ainda é importante frisar que a raposa que o anjo está segurando também representa, além da letra S, **a injustiça e a mentira**. Nesse caso, o anjo mostra a raposa para Maria para lembrá-la da injustiça e da grande mentira que foi imposta a ela pela Igreja Católica. Dito isso, agora podemos passar para a próxima pintura, a *Natividade Mística*.

Esta é cheia de mistérios. Sua interpretação é belíssima, por ter tanto simbolismo esotérico para ser analisado. Nessa obra, posso seguramente dizer que Botticelli caprichou nos detalhes.

Por exemplo, em cima da gruta em que está o menino Jesus, há no céu 12 anjos, que juntos formam um círculo ao redor da cena natalina. Isso aí representa a faixa ou **cinturão do zodíaco, e cada anjo representa um signo zodiacal**. A explicação para ele ter associado o zodíaco ao Natal é a de que Jesus como CRISTO não passa de um mito pagão relacionado com os cultos solares que comemoravam no dia 25 de dezembro o aniversário do Sol como divindade suprema. Qualquer estudioso sabe que o nascimento de Jesus passou a ser comemorado no dia do deus Sol somente no ano de 353, mais de 300 anos após sua suposta morte. Essa foi a forma que a Igreja Católica encontrou para suplantar os rituais pagãos do solstício de inverno. Agora vamos aos detalhes mais relevantes.

Vejam que há dois planos nessa pintura. No primeiro se encontram três anjos abraçando cada um uma pessoa. Isso simboliza a **união dos opostos**, ou seja, o encontro do **material com o espiritual**. Em outras palavras, simboliza o **Iniciado**, que é o homem que logrou unir todas as suas contradições para gerar o equilíbrio. No segundo plano se encontra a manjedoura. Entretanto, há um caminho que liga esses dois planos e esse caminho também parece formar uma grande **letra S**.

Seria esse S uma abreviação de **Sião**, como na Crucificação Mística? E aqueles monstrinhos que estão no começo do caminho? Logo falarei deles, mas agora quero que olhem para o anjo que está ao lado direito da pintura, o que está segurando a cabeça de um camponês.

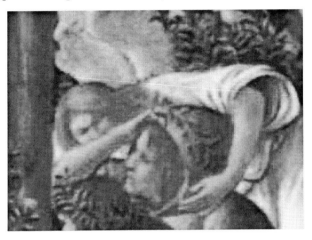

Na verdade, Botticelli colocou uma ilusão de óptica aí, mas disso falarei depois. Há mais detalhes nessa pintura que ainda não conseguiremos entender agora. Por enquanto, quero que saibam que a *Natividade Mística* quer nos dizer que o Iniciado, simbolizado pelos anjos unidos aos humanos, deve seguir um árduo caminho cheio de obstáculos, **simbolizado pelos monstrinhos**, para finalmente chegar à verdade, que **é o mito de que Jesus é uma lenda**, simbolizado pelos 12 anjos formando o cinturão do zodíaco. E o caminho que une o iniciado à verdade nada mais é do que o **Priorado de Sião**, simbolizado pela letra S, já que essa ordem alega guardar o segredo sobre a identidade real de Jesus.

Mas isso é só o começo. No momento, o objetivo era achar indícios de uma ligação entre Botticelli e o Priorado de Sião. Porém, decidi deixar o melhor para o final.

Infelizmente, muitas pinturas de Sandro Botticelli foram queimadas durante o governo repressor de Savonarola, o que nos faz pensar como seriam elas e o que poderiam nos revelar. Mas uma coisa para se pensar sobre a crise existencial que Botticelli enfrentou após a morte de Lorenzo é se os Médicis sabiam do segredo do Priorado, já que essa crise foi motivada pela perda dos seus principais protetores e amigos.

E tão amigos eles eram que Botticelli fez questão de colocá-los numa de suas obras mais importantes, a *Adoração dos Magos*. Ele também pintou o retrato de Giuliano de Médici, irmão de Lorenzo, que mais tarde seria assassinado por causa de uma conspiração arquitetada pelo Papa. Veremos mais detalhes dos Médicis quando entrarmos nos mistérios de Leonardo.

Existe uma obra de Botticelli chamada *Madona e o Menino com Seis Santos*, que nos mostra algo surpreendente:

Também conhecida como *Sant'Ambrogio Altarpiece*, ela representa a Virgem com o menino Jesus, e os seguintes Santos: São João Batista, São Francisco de Assis, Santa Catarina de Alexandria (que segura a roda do moinho na qual ela foi torturada), São Cosme e Damião (que eram os patronos dos Médicis) e Santa Maria Madalena. No entanto, há algo muito estranho e incomum na maneira como Maria Madalena foi representada. Confiram:

Agora sim não tem como negar! Aqui ela está **CLARAMENTE GRÁVIDA**! E é a Maria Madalena mesmo, pois ela segura um **vaso de alabastro**, como manda sua iconografia.

É por essas e outras que devemos questionar se essa história de Priorado de Sião e de linhagem sagrada está mesmo bem contada. Ou os nossos ancestrais sabiam mais do que a gente ou alguém quer muito que isso fique em segredo. De todo modo, a *Madona e o Menino com Seis Santos* foi pintada por volta de 1470. Hoje ela se encontra na *Galeria dos Ofícios*, em Florença.

No início dessa nossa conversa, aventávamos sobre a possibilidade de a lenda do Priorado ser apenas um mero conto de fadas criado em meados do século XX. Pois aí está uma prova de que a lenda de uma descendência de Jesus e Maria tem **pelo menos 500 anos**!

Pena que as últimas obras aqui mostradas não são muito divulgadas. Talvez seja até de propósito, quem sabe...

De agora em diante falarei sobre um dos maiores gênios de todos os tempos. Sem dúvida, Leonardo foi um dos artistas que mais marcaram a imaginação das pessoas. Após tantos séculos, suas pinturas, seus desenhos, sua maravilhosa obra científica e seus inventos, tudo isso continua vivo e nunca deixou de nos fascinar. São tantas as facetas desse gênio visionário, desse homem tão à frente de seu tempo, e tamanho é o seu legado, que é impossível ficarmos indiferentes quando o assunto é Leonardo. Prova disso foram os recentes debates acerca de sua participação no Priorado de Sião. Todos os meios de comunicação se mobilizaram. Até instituições religiosas se manifestaram. Tudo isso porque o seu nome constava numa simples lista de pessoas que juraram proteger **o maior segredo da história**. E, entre tantos nomes nessa lista, o seu foi o único que causou tamanha polêmica.

Hoje as pessoas se perguntam se Leonardo colocou mesmo mensagens secretas nas suas pinturas. Mas o motivo para tais especulações é muito simples. As suas obras estão tão recheadas de enigmas que até mesmo os maiores especialistas ainda não conseguiram entender-lhes o significado. Então será que está faltando alguma peça nesse complexo quebra-cabeça? Uma única peça que escapou aos olhos de todos e que poderia nos revelar toda a verdade sobre a sua história? Ou tudo não passa de pura fantasia? Só há uma maneira de saber. Se essa peça realmente existir, talvez a chave esteja no que Leonardo jurou proteger em nome do Priorado de Sião...

Uma criança!

Leonardo da Vinci

Leonardo da Vinci nasceu no dia 15 de abril de 1452, às 22 h 30 min, um sábado, véspera do Domingo de Ramos, sob luz de velas, em Anchiano, que é uma vila próxima à cidade de Vinci, perto de Florença. Seu pai se chamava Piero; e sua mãe, Caterina. Ser Piero era um homem de boa classe social, um notário respeitado em Florença. Quanto a Caterina, ela não tinha classe social, o que a impediu de se casar com Ser Piero. Provavelmente eles tiveram apenas um romance. Porém, o fato é que ninguém sabe por que eles se relacionaram. Alguns dizem que foi a beleza de Caterina que chamou atenção de Ser Piero, outros dizem que ela era uma escrava vinda do Oriente após ter sido comprada pelo pai de Leonardo. Mas a única coisa que se sabe dela com certeza é o seu primeiro nome. A teoria de que ela era escrava surgiu apenas como uma tentativa plausível de preencher as lacunas existentes em sua vida, já que ela não tinha sobrenome, ninguém conhece a sua origem, quem foram os seus pais, de qual família ela veio, enfim, **não sabemos absolutamente nada sobre o seu passado**. Caterina é uma grande incógnita.

E o Vinci?

Leonardo foi chamado assim porque crescera na cidade italiana de Vinci. Mas ele nunca usava o "da Vinci" quando se referia a si mesmo. Em suas assinaturas, ele escrevia apenas o seu nome.

No mesmo ano em que Leonardo nasceu, Ser Piero se casou com uma jovem rica, de boa classe social. Caterina também se casou. No entanto, seu marido era um pobre camponês, talvez um empregado de Ser Piero, chamado Antonio di Piero del Vacca "Accatabriga". Alguns dizem que foi o pai de Leonardo que a fizera se casar com esse homem, e só voltaremos a ter notícias dela no ano de 1493. Quanto à infância de Leonardo, tudo leva a crer que ele viveu com sua mãe até os 5 anos de idade, pois, em 1457, ele foi registrado como filho ilegítimo e passou a viver com a família do pai. Todavia, dos primeiros cinco anos, nada sabemos, a não ser de um relato isolado sobre quando ele ainda era um bebê. E é um relato tão estranho que o próprio Leonardo fez questão de narrar em seus cadernos de anotações. Segundo as suas próprias palavras:

> *"Nas primeiras lembranças de minha infância, parece-me que, enquanto eu estava deitado em meu berço, uma águia saltou sobre mim e abriu minha boca com a sua cauda e bateu várias vezes com ela em meus lábios."*

Isso é tudo o que sabemos sobre a infância dele. E, para complicar, ele acrescentou o seguinte detalhe:

> *"Isto parece ser o meu destino!"*

Não precisa nem dizer que ninguém entendeu ao que Leonardo quis se referir com isso. Até Sigmund Freud se confundiu ao ler esse trecho na biografia alemã que estudara, o que o levou a traduzir a palavra "águia" como "abutre", gerando uma grande confusão, tanto na sua famosa análise sexual como em tentativas posteriores de interpretar a personalidade de Leonardo por meio da infância.

Depois que Leonardo deixou Caterina para ir viver com a família do pai em Vinci, ele deve ter recebido uma educação boa demais para alguém que fora registrado como ilegítimo, pois desde cedo manifestou aptidão para música, artes plásticas e matemática. Também se interessou por ciência e filosofia e tinha conhecimento dos trabalhos de Avicena e Roger Bacon. O último, mais tarde, o influenciaria em suas pesquisas sobre óptica. Outra coisa que marcou a infância de Leonardo foi o contato com a natureza. Ele passava horas observando flores, pássaros e o movimento da água. Enfim, foi uma infância tranquila, e ele se tornou um autodidata, cuja verdadeira escola foi a natureza.

Na adolescência, como Leonardo demonstrava talento para as artes, seu pai o levou para Florença a fim de matriculá-lo em um ateliê. Em 1469, ele foi ao ateliê do escultor, ourives e pintor Andrea del Verrocchio, que era um dos melhores de Florença. Ser Piero já era amigo de Verrocchio, mas o que ajudou Leonardo a ingressar na oficina foi o seu grande talento, pois o mestre escultor teria ficado impressionado com alguns desenhos que Ser Piero lhe mostrara. O tempo em que passou no ateliê foi de muito aprendizado. Lá Leonardo aprendeu várias técnicas de fundição de metais, engenharia mecânica, pintura, arquitetura e ourivesaria. Mas a prova de fogo foi quando ele teve que pintar parte da paisagem e um anjo da obra *O Batismo de Cristo*, de Verrocchio. Após o término da obra, ficou claro que o aluno havia superado o mestre. Nada havia sido pintado até então que pudesse ser comparado àquele anjo. O primeiro biógrafo de Leonardo, Giorgio Vasari, disse que, quando Verrocchio viu o anjo, nunca mais quis pintar novamente. O seu aprendiz **havia criado o movimento na pintura**.

Daí por diante, a fama de Leonardo foi crescendo cada vez mais e, em 1472, o artista foi admitido na prestigiosa *Guilda de São Lucas*. É a partir desse ponto que as coisas começam a ficar estranhas. Ele tinha apenas 20 anos de idade. A Guilda de São Lucas foi uma fraternidade de artistas poderosa e influente, mas também muito fechada, **similar a uma sociedade secreta**. Não era fácil ingressar nela. Botticelli também fez parte dessa instituição. Aliás, **ele e Leonardo se registraram no mesmo ano**. Leonardo já conhecia Botticelli do ateliê de Verrocchio, mas os dois se aproximaram ainda mais após ingressaram na Guilda. E parece que ficaram bastante íntimos, tanto que até chegaram a montar um negócio juntos, um **restaurante vegetariano**.

Um restaurante vegetariano em plena Renascença? E em Florença? Com certeza a ideia foi um tanto esdrúxula. Um jovem renascentista teria poucos motivos para se tornar um vegetariano.

O fato de Leonardo e Botticelli serem vegetarianos realmente é uma coisa incomum. Somente seitas gnósticas, como dos Cátaros, ou algumas ordens monásticas, como dos Celestinos, dos Franciscanos espirituais, entre outras, é que praticavam o vegetarianismo. O que justifica o fato de que o negócio dos dois foi um grande fracasso.

Sobre as coisas estranhas que começaram a acontecer depois que Leonardo ingressara na Guilda de São Lucas, ele passou a ser requisitado por famílias poderosas, como os Médicis, apesar de não ter se desligado do ateliê de Verrocchio. Então, num período de quatro anos, que vai de 1474 a 1478, não se tem registro de suas atividades, exceto por um episódio doloroso que aconteceu em sua vida. Em 1476, alguns pintores foram chamados para comparecer ao tribunal de Florença devido a uma denúncia anônima. A acusação era a prática de sodomia. Naquela época, ser homossexual era uma coisa até tolerável, mas a punição para o ato de sodomia era a morte na fogueira. E o nome de Leonardo constava na denúncia. Felizmente, nada aconteceu **porque não acharam uma só testemunha e uma só prova que ratificasse tal acusação.** Leonardo teve que ser absolvido, e a acusação parece ter sido injusta.

Em Florença, havia urnas espalhadas pelas paredes, as *"bocas da verdade"*, para que as pessoas depositassem suas denúncias e queixas. Durante a noite, a guarda noturna da censura de Florença recolhia as acusações. Por isso, **qualquer pessoa poderia trair e acusar quem desejasse**, como um simples invejoso... pois a fama de Leonardo crescia exponencialmente. Todavia, o que de fato aconteceu foi algo ainda mais grave, já que o processo poderia levá-lo à morte. Além do mais, **a mesma coisa aconteceu de maneira idêntica com Botticelli**, tanto que este também foi absolvido por falta de provas e testemunhas. Será uma coincidência? Acho que não. Naquela época, acusar um homem de sodomia era a mesma coisa que acusar uma mulher de bruxaria. Meu palpite é que **Leonardo e Botticelli estavam envolvidos com coisas perigosas.**

Mas, independentemente de quem tenha arquitetado a morte dos dois, felizmente esse plano macabro foi pelos ares, apesar de ter deixado sequelas profundas que abalaram Leonardo devido à humilhação pública.

Para falar a verdade, a impressão que isso passa **soa mais como um tipo de conspiração.** Senão, vejamos: após esse incidente doloroso, no qual um dos Médici também esteve envolvido, outro episódio estranho ocorreu. E este sim foi uma verdadeira conspiração, tanto que entrou para a história com o nome de *A Conspiração Pazzi*, que era sobre a rivalidade das duas famílias mais poderosas de Florença, os Médicis e os Pazzi.

Os Médicis, que eram banqueiros, não só eram a família mais poderosa de Florença, como também uma das mais poderosas da "Itália", cuja liderança cabia aos irmãos Lorenzo e Giuliano. Já os seus rivais, os Pazzi, que também eram banqueiros, não se contentavam em ver os Médicis no poder. Com estes, o Papa Sisto IV também não se contentava com tal situação. O motivo, de acordo com os historiadores, é que o Papa queria expandir seus territórios além da Toscana. Para que isso se concretizasse, ele precisava derrubar seu maior obstáculo, os Médicis. Foi pensando nisso que ele elaborou um ousado e infame plano: se os Pazzi abrissem seus cofres para o Vaticano, em troca o "Vigário de Deus" derrubaria os Médicis para colocá-los no poder florentino. Então, em 26 de abril de 1478, num domingo de Páscoa, na catedral *Santa Maria del Fiore*, em plena missa, os irmãos Giuliano e Lorenzo sofreram um atentado. Giuliano foi assassinado ali mesmo, mas Lorenzo, ferido, conseguiu escapar graças a um poeta que o ajudara a se esconder na sacristia. O plano do Papa falhou, e Lorenzo reagiu instantaneamente. Todos os assassinos foram caçados e executados. Numa dessas execuções, quando um dos assassinos estava para ser enforcado, um jovem rapaz estava ali fazendo anotações de todos os detalhes, **como se fosse um notário**, e esse jovem era Leonardo da Vinci. Ele anotou tudo, desde o nome do assassino até o que ele vestia. Aliás, existe um desenho seu demonstrando tudo isso:

Como disse, Leonardo estava agindo como um notário. Em outras palavras, ele agia igualzinho ao pai. E o que estou querendo dizer com isso? Bom, sabemos que Ser Piero foi um notário influente em Florença, mas não existem evidências de que seu filho tenha trabalhado como tal, apesar de haver a possibilidade de ter sido treinado nessa profissão durante a juventude. No entanto, por que Leonardo estaria tomando notas para alguém poderoso? Teria ele relações estreitas com Lorenzo, o Magnífico, o grande patrono dos artistas, como se fosse um espião ou um agente secreto a serviço dele? Provavelmente, pois Botticelli e Leonardo foram íntimos de Lorenzo.

Mas qual, de fato, seria a verdadeira finalidade da Conspiração Pazzi? Será que os Médicis guardavam algum segredo que pudesse ameaçar o Papa? Talvez, pois, após o fracasso do plano, o sumo pontífice ainda mandou um exército com o intuito de invadir Florença. Lorenzo, corajosamente, foi pedir ajuda ao Rei de Nápoles. Depois de uma longa negociação, finalmente o Papa desistiu e Lorenzo pôde voltar triunfante para a sua querida cidade. A paz havia retornado, e, a fim de mantê-la, Lorenzo encaminhou seus melhores artistas para trabalharem no Vaticano, na recente capela construída por Sisto, a famosa Capela Sistina, que leva o seu nome. Mas, apesar de os maiores artistas de Florença terem ido para a capela, **Leonardo não obteve permissão**, sendo proibido de pisar no Vaticano. **Será que Lorenzo achava perigoso ele ir até lá?** É impossível saber. De toda maneira, aí está uma coisa que os historiadores ainda não souberam explicar.

Havia chegado o ano de 1480, e Leonardo estava deprimido e sem ter o que fazer. Foi então que os monges do convento de San Donato de Scopeto fizeram uma encomenda que mudaria toda a história da arte. A encomenda seria uma pintura para o altar principal do convento, e é aí que toda a arte de Leonardo sofre uma profunda reviravolta. **Prestem atenção nesta data, 1480. A partir daí Leonardo muda totalmente o seu estilo de pintar** (mais detalhes estudaremos doravante). O resultado dessa encomenda seria a revolucionária *Adoração dos Magos*, que pode ser considerada uma divisora de águas na história da arte. Entretanto, infelizmente Leonardo deixou essa obra inacabada. E, para variar, ninguém sabe o motivo. Se os historiadores ficaram chocados por Leonardo não ter finalizado a *Adoração dos Magos*, eles ficaram mais chocados ainda com o que o artista fez logo em seguida. De repente, e sem nenhuma explicação aparente, o artista deixou Florença e se mudou para Milão. Mas, ao que parece, sua intenção era a de trabalhar na corte de um dos duques mais poderosos da "Itália", Ludovico Sforza, o Mouro. No entanto, Vasari e Gaddiano disseram que o motivo teria sido outro. Segundo eles, Lorenzo queria enviar um presente para Ludovico, uma lira de prata com o formato da cabeça de um cavalo, e teria escolhido Leonardo para tal missão porque este era um virtuose no instrumento. Mas é claro que isso tudo é muito simbólico.

Então por que Leonardo se arriscaria a abandonar um emprego bom e estável para tentar um novo e duvidoso?

Certo, vamos analisar essa questão melhor. Florença era a capital europeia das artes. Lá havia vários mecenas e não era difícil surgir encomendas para alguém tão talentoso como Leonardo. Milão já era mais focada na área militar e urbanística e ainda estava longe de Florença no que se referia às artes. Ludovico era considerado um tirano, enquanto Lorenzo era clamado como patrono das artes. Então, o que motivou Leonardo a deixar Florença? Será que a resposta não seria que ele **temesse pela sua vida**? É possível, pois ele já havia passado por dificuldades como aquela falsa acusação, que poderia tê-lo matado. Além disso, Florença não era um lugar seguro para pessoas influentes. Muitos andavam com armaduras por baixo das roupas, alguns até contratavam envenenadores profissionais. Entre os artistas, isso não era diferente. A inveja, os ciúmes, a competitividade, tudo isso andava lado a lado. Pondo-se tais fatos na balança, aí sim fica fácil explicar a causa de Leonardo ter buscado a proteção de um duque tão poderoso. **Talvez ele estivesse temendo pela sua vida.** E pode ser que estivesse metido em negócios arriscados. Mas, antes de entrar nos detalhes de sua estada em Milão, ainda cabe citar um outro trabalho feito antes de ele partir de Florença. Trata-se da dramática *São Jerônimo*.

Nesta obra aparece pela primeira vez a figura do ermitão, ou eremita, que será relevante depois. O santo, que segura uma pedra com a intenção de batê-la no peito, como manda a sua iconografia, expressa todo o temor e angústia por que Leonardo vinha passando. Uma curiosidade é que há um leão de frente ao santo. Claro que isso faz parte da iconografia de São Jerônimo, mas o leão também pode se referir ao próprio Leonardo, já que seu nome, LEON-HARD, significa **LEÃO BRAVO**. Para falar a verdade, **toda a obra se refere a Leonardo**, e ele não poderia ter escolhido uma figura melhor para retratar a si mesmo. O contraste entre a agonia e a coragem, o medo e a força, a angústia e a fúria, o santo e o leão, tudo isso expressa perfeitamente os seus últimos momentos em Florença. Momentos em que ele agia como se estivesse preocupado com alguma coisa; **como se algo estivesse incomodando a sua mente**, deixando-o inquieto. Ele se sentia como um ermitão, abandonado e confuso no deserto. Quem sabe este não seria o verdadeiro motivo que o levara a abandonar a *Adoração dos Magos* e se mudar para Milão?

E foi então, em 1482, que chega uma carta para Ludovico Sforza. A carta era muito bem escrita, cheia de elogios. Na verdade, era uma auto-propaganda de um certo engenheiro militar que dizia ser capaz de construir qualquer coisa, desde as armas mais fantásticas a pontes levadiças. Enfim, era um excelente currículo. Mas o mais curioso era a assinatura que constava na carta. Nela estava escrito: LEONARDO.

O artista, em seu currículo, se apresenta não como um artista, e sim como um engenheiro militar. Somente no finalzinho da carta escrevia sobre as suas aptidões artísticas, em apenas algumas linhas, como pode ser visto a seguir:

"Muito ilustre senhor, tendo estudado cuidadosamente o trabalho de todos aqueles que se declaram mestres e artífices de instrumentos de guerra... eu exporei diante de sua senhoria minhas INVENÇÕES SECRETAS e então me oferecerei para executá-las a seu prazer. / Uma ponte extremamente leve e resistente. Uma variedade infindável de aríetes. Um método para demolir fortalezas construídas sobre um rochedo. Uma espécie de bombarda que lança uma saraivada de pequenas pedras e cuja fumaça espalha o pânico entre o inimigo. Uma passagem sinuosa construída sem barulho. Carros cobertos atrás dos quais um exército inteiro pode se esconder e avançar. / Em tempo de paz, creio ser capaz de competir com sucesso com qualquer um na concepção de edifícios públicos e privados e na condução de água de um lugar para outro. Da mesma forma: eu posso trabalhar esculturas em mármore, bronze ou argila, e também na pintura posso fazer tão bem quanto qualquer outro homem. Além disso, posso me incumbir da execução do cavalo de bronze que será o monumento... para a honra eterna, seu pai, o Príncipe, e da ilustre casa Sforza."

No total, são trinta e quatro linhas, mas Leonardo se definiu como artista em apenas seis, e como pintor somente em uma. O mais estranho é que a carta aparentemente não foi escrita por ele, já que ela **não contém a sua caligrafia**. Porém, é genuína.

O que se supõe é que tudo isso talvez já tivesse sido arranjado, ou seja, o fato de a carta ter sido preparada por outra pessoa, o de Leonardo ter ido diretamente para um ducado tão poderoso, a história do presente da lira de prata, o uso exacerbado de suas habilidades militares na carta, enfim, tudo aponta que Leonardo foi para Milão por causa de uma indicação. Prova disso é que ele **não trabalhou como engenheiro militar** para o Mouro. Pelo contrário, seu trabalho era organizar banquetes e faustosas festas, além de pintar algumas damas da corte. E ele continuou assim, até começar o projeto que provaria ser um verdadeiro desafio à sua genialidade: o cavalo de bronze que havia sido citado no final da epístola. Todos sabiam que tal monumento era um sonho de Ludovico, uma forma de homenagear o pai, o duque Francesco Sforza. Mas a intenção de Leonardo era construir a mais imponente estátua equestre que já havia sido feita. Em outras palavras, isso iria selar uma forte ligação entre Leonardo e Ludovico, pois um monumento como esse seria incontestavelmente um símbolo de poder para os Sforza.

E o que Leonardo esperava ganhar com essa ligação, além de status e fama? **Segurança e proteção**, que era o que ele tanto almejava. Por causa disso, seus anos em Milão foram os mais tranquilos e felizes da sua vida. E foi nesse ambiente seguro e jucundo que ocorreu um dos acontecimentos mais extraordinários da sua vida, algo que nenhum historiador até hoje conseguiu entender.

No ano de 1490, **dez anos** após ele ter iniciado a *Adoração dos Magos*, **SURGE UMA CRIANÇA!**

A Criança

Nas palavras do próprio Leonardo escritas em um de seus cadernos de anotações, o *Manuscrito C*:

"Giacomo passou a viver comigo no dia de Santa Maria Madalena, 22 de julho, em 1490, com a idade de 10 anos."

Giacomo! Então existiu mesmo uma criança na vida de Leonardo!

Giacomo é um dos maiores mistérios de Leonardo da Vinci. Nenhum estudioso foi capaz de explicar por que ele surgira na vida de Leonardo. Alguns dizem que foi por adoção, o que é improvável, pois Leonardo escreveu que Giacomo **PASSOU a viver** com ele e não que foi adotado, e os que pouco entendem do assunto disseram que Leonardo era um pederasta, mas logo veremos que essa alegação não faz o menor sentido.

Segundo Giorgio Vasari, foi a beleza do menino que chamara atenção do artista. Mas a verdade pode ser bem mais assombrosa. Notem que Leonardo fez questão de frisar a data do acontecimento, 22 de julho de 1490, **dia de MARIA MADALENA**. No início deste estudo, falei que buscaria indícios de alguma criança estranha que pudesse ter alguma ligação com a lenda de Maria Madalena, e logo de cara vejam o que apareceu! E as coincidências não param por aí, aliás, não chegam nem mesmo a ser a ponta do iceberg. Logo veremos que essa data é mais reveladora do que parece e talvez seja uma das chaves para a compreensão da obra leonardiana. Mas primeiro devo falar sobre a versão oficial da vida de Giacomo.

Os historiadores estão convencidos de que o seu nome completo era Gian Giacomo Caprotti, que ele vinha da região de Oreno, próxima a Milão, e que seus pais eram pobres camponeses chamados Pietro e Caterina. Caterina?! O mesmo nome da mãe de Leonardo? Sim, e, como ela, era uma pobre camponesa.

Giacomo passou a viver então como aprendiz e discípulo de Leonardo, mas certamente ele foi bem mais que isso, já que o garoto era tratado bem demais para os padrões de um mero aprendiz. Prova disso é a continuação do relato do *Manuscrito C*:

"No segundo dia, mandei cortar duas camisas para ele, um par de calções e um gibão, e quando coloquei de lado o dinheiro para pagar estas coisas, ele o roubou, 4 liras, na bolsa; e jamais consegui fazê-lo confessar, apesar de estar certo disso. No dia seguinte, fui jantar com Giacomo Andrea, e o dito Giacomo comeu por dois e fez besteiras por quatro, pois quebrou três galheteiros e derramou o vinho."

E, na margem, Leonardo escreveu:

"Ladrão, mentiroso, cabeçudo, glutão..."

Isto com uma caligrafia que demonstra forte emoção, **como em nenhum outro trecho entre todos os seus cadernos**, com semelhança de um tom paternal em sua queixa. Em outras palavras, **parece-se com a bronca de um pai que se zanga com o filho.** Tal detalhe automaticamente nos remete ao que Leonardo disse no começo do relato: "Giacomo passou a viver comigo..." Será que ele já conhecia a criança?

Giacomo ainda iria cometer outras travessuras e diabruras, como em uma ocasião na qual ele teria furtado para comprar doces. Todavia, tais sandices lembram os atos de uma criança que passou por dificuldades e teve que aprender a se virar sozinha. Além do mais, apesar das traquinagens, Leonardo nunca o abandonou. Ao contrário, o amou até o fim de sua vida. Giacomo foi mesmo muito especial para Leonardo. Ambos eram inseparáveis.

Com o tempo, Leonardo passou a chamá-lo de **Salai**, que quer dizer "pequeno diabo" ou "**diabinho**". Na verdade, a palavra foi retirada do poema "Il Morgante Maggiore", ou "O gigante Morgante", do poeta Luigi Pulci, que fez muito sucesso entre os Médicis, tanto que o próprio Lorenzo costumava recitá-lo em seus banquetes, com Leonardo presenciando isto, aliás. É fato também que Leonardo conhecia a obra profundamente, pois foi **dela que ele aprendera o latim**. Daí, pode-se concluir que ele já tinha conhecimento dessa palavra muito antes de começar a chamar a criança de Salai.

E por que ele foi chamado assim? Por ser traquinas? Ou a intenção do apelido era outra? Antes de responder e tentar explicar os reais motivos que o levaram a viver com Leonardo, falaremos mais um pouco dos principais acontecimentos que ocorreram em Milão.

Vimos que nos anos tranquilos Leonardo pintou algumas damas da corte, cuidou das magníficas festas e dos banquetes que Ludovico dava em seu palácio, até que se concentrou na imponente estátua equestre em honra a Francesco Sforza. Tal ofício provaria ser um verdadeiro desafio tecnológico, fazendo com que Leonardo enfrentasse uma série de dificuldades logísticas. Como a estátua deveria ser gigantesca, primeiro ele precisava fazer o molde em argila antes que começasse o trabalho de fundição do bronze. Daí, finalmente, quando o molde ficou pronto, Ludovico deu um grande banquete para apresentá-lo e todos os convidados ficaram impressionados, inclusive Salai, que estava sempre com Leonardo. Tudo levava a crer que a estátua seria um sonho prestes a se realizar, mas, quando o trabalho de fundição das 60 toneladas do bronze que seriam usadas no molde estava para começar, uma reviravolta política iria mudar a vida de Leonardo e Salai para sempre. Todavia, antes de isto acontecer, Leonardo pintou uma obra enquanto trabalhava no cavalo e que é considerada uma das maiores obras de arte de todos os tempos, *A Última Ceia*.

Leonardo começou a pintá-la em 1495, a pedido de Ludovico, na parede do refeitório da igreja milanesa de *Santa Maria delle Grazie*. Demorou muito para terminá-la; quase quatro anos! Dizem que ele passava horas analisando e estudando o que pintava. Às vezes, dava somente algumas pinceladas e ia embora. Enfim, há lendas e lendas a respeito... Além disso, existem evidências de que nessa época a sua mãe, Caterina, estava morando com o artista. Quando a obra ficou pronta, todos que a viram ficaram perplexos. Infelizmente, a pintura logo começou a se deteriorar por causa das experiências que Leonardo fizera nas tintas. Depois de alguns anos, muitos já custariam a ver o que ali estava pintado. Até Giorgio Vasari, algumas décadas depois, falou que conseguira ver apenas uma "confusão de manchas" na parede. Exagero, é claro, já que ele ficara frustrado pela expectativa de ver a famosa pintura.

Mas vamos ao que interessa: as polêmicas! Como todos sabem, o discípulo amado ao lado de Jesus, o qual a Igreja Católica insiste em nos fazer crer que era João, supostamente seria uma mulher, **Maria Madalena**. Será mesmo?

Quase todos os especialistas refutaram essa hipótese. Mas estão errados, como comprovaremos adiante. O que importa agora é falar que essa obra possui uma interpretação bastante ambígua. Leonardo foi o primeiro a retratar a cena de um modo diferente. Antes dele, todos expressaram o momento máximo da Eucaristia, o ato de consagrar o vinho como sendo o sangue de Jesus e o pão como sendo o seu corpo. No entanto, não há nada disso na pintura. Não há uma única taça ou cálice de vinho, nem mesmo o pão está repartido.

Os estudiosos alegam que Leonardo quis expressar o momento em que Jesus diz aos seus apóstolos que será traído por um deles, e os gestos de preocupação dos apóstolos até podem combinar com tal interpretação, mas reparem que Judas não coloca a mão no prato nem recebe o pão de Jesus, conforme consta nos evangelhos. Em vez disso, Judas aparece derramando **SAL** sobre a mesa, o que faz com que os historiadores especulem que isto deve ser uma referência à traição. No entanto, isto é superstição, e Leonardo não era um ser supersticioso. Além do mais, ninguém nunca havia feito algo assim.

Então qual seria o real significado de *A Última Ceia*? Essa ambiguidade que Leonardo expressa em suas pinturas começa a surgir após 1480. Por quê? Para entender melhor, vamos analisar a primeira questão polêmica, a de que o apóstolo João seria, na verdade, Maria Madalena.

Como Leonardo era um homem culto, extremamente inteligente e racional, com certeza não deve ter engolido a balela de que o discípulo amado era João. Basta ler o Evangelho de João, o único em que aparece o tal discípulo, para ver que não há nada que o indique como sendo João. A ICAR inventou isso para forçar uma explicação devido a um problema de identidade, assim como fez com a Madalena quando a identificaram com a prostituta arrependida. Portanto, Leonardo sabia muito bem que não havia João ali, como o discípulo amado. Então por que há 12 pessoas com Jesus em vez de 13? Ou melhor, se João supostamente é mesmo Maria, onde estará ele então?

Ora, todo homem culto sabe que não havia exatamente 12 pessoas na mesa, pois **o Cenáculo poderia comportar até mais de 100 pessoas**. E, quanto aos 12 discípulos, talvez nem mesmo fossem 12. A escolha deste número para representar os apóstolos tem duas explicações, uma teológica e outra astrológica. A teológica nos diz que 6 é o **número do homem**, e qualquer nascimento para Deus, tanto material quanto espiritual, é representado por meio dele. Por isso que o homem nasceu no **sexto dia da Criação**. E é também por esse motivo que o homem renascido espiritualmente recebe mais um 6 e passa a ter o valor 12. Os apóstolos se distinguiam dos outros discípulos por terem **nascido de novo**, ou seja, eles renasceram no espírito por meio do batismo. Daí o fato de eles terem sido chamados de **GRUPO DOS DOZE**. Isso quer dizer que Maria Madalena poderia perfeitamente ter feito parte do GRUPO DOS DOZE? Mas é claro! Não foi à toa que ela foi chamada de APÓSTOLA DOS APÓSTOLOS por um dos Papas. E também não é à toa que os maiores teólogos de hoje já reconhecem que ela foi, de fato, uma apóstola importante. Sendo assim, por que então ela não poderia se sentar à mesa com Jesus e os demais apóstolos? (A ICAR pediu desculpas em 1969 pelo erro de tê-la associada à prostituta arrependida.) Mas e quanto à explicação astrológica?

Astrologicamente, os 12 representam os **12 signos do zodíaco**. A explicação é que os antigos acreditavam que os deuses (ou seus filhos), que eram a representação do SOL, tinham que ter 12 seguidores, pois o SOL realiza a sua jornada ao passar pelos 12 signos zodiacais. Isso explica o nome Tomé, que significa "**Gêmeo**". Explica também por que os apóstolos tiveram que seguir um homem carregando um vaso d'água para marcar o encontro da última ceia. **O tal homem do vaso d'água, na astrologia, é o signo de Aquário**, e esse signo representa a era que virá após à de Jesus, a de Peixes. E não é que o símbolo do peixe sempre esteve associado a Jesus?!

Na verdade, mitologicamente, Jesus simplesmente quis dizer a seus discípulos que eles teriam que seguir e se direcionar na era que viria depois dele. Por isso que escolheu o homem d'água para marcar a **ÚLTIMA** ceia.

Então, Leonardo simplesmente poderia ter pensado como Botticelli ao associar uma cena da vida de Jesus à astrologia. Qualquer homem culto da Renascença sabia que não passava de papo furado esse negócio de que havia apenas 12 pessoas com Jesus. Isso é crendice popular! E há fortes evidências de que Leonardo tenha mesmo representado os apóstolos como os 12 signos do zodíaco, o que prova que ele poderia ter conhecimento dessa associação. Além do mais, a astrologia **não era malvista na Renascença**, muito pelo contrário. Ela gozava de enorme popularidade entre os intelectuais, tanto que era **matéria obrigatória nas escolas de medicina**.

Tem como conciliar as explicações teológica e astrológica?

Tem. Aliás, a explicação teológica surgiu da astrológica. Os seguidores do deus Sol, representados pelos signos do zodíaco, receberam o valor 12 para corresponderem ao número exato das 12 constelações do zodíaco. Os homens comuns, que não tinham renascido espiritualmente, só poderiam receber a metade desse valor, já que eles ainda estavam incompletos. Tudo isso, inclusive o que consta no Gênesis, nasceu na Babilônia, como sabem todos os historiadores atualmente. Alguns destes até mesmo opinam que grande parte do Gênesis foi plagiada das mitologias dos povos sumerianos, que utilizavam o sistema de numeração **sexagesimal** e davam uma grande importância aos números 6 e 12, como a crença de que eles achavam que havia **12 planetas** no nosso sistema solar, e foram eles que dividiram as horas e os minutos em 60 minutos e 60 segundos e os dias em dois períodos de 12 horas.

Aí está a causa de os autores da Bíblia terem se esforçado tanto para difamar a Babilônia, chamando-a de "A Grande Prostituta", como a Igreja fez com Madalena, e associando-a a todo tipo de desgraças e males, como o mito da Torre de Babel. Obviamente, tentaram fazer tudo para não transparecerem que haviam plagiado sua vítima. De fato, na epopeia sumeriana de Gilgamesh, encontram-se relatos idênticos aos do Jardim do Éden, da criação do homem, do dilúvio e da Arca de Noé, muito anteriores ao Gênesis, enfim...

Ainda nos resta uma última explicação, que não entra em contradição com as outras duas: a que a *Última Ceia* de Leonardo, na verdade, **NÃO É a Última Ceia!**

A Última Ceia?

Essa obra de Leonardo não representa a última ceia da forma como todos imaginam, **só aparenta ser**. Já vimos alguns detalhes que nos indicam isto, mas a prova de que ela não é a última refeição mitológica de Jesus, conforme imaginamos, veremos depois. Por enquanto, o que importa é que, diante disso, Leonardo poderia ter pintado quem ele quisesse sem levar em consideração a ausência de algum apóstolo. Como ele era estupendamente criativo, essa obra foi feita de modo que aparentasse ser uma coisa, mas quem tivesse a chave certa para interpretar os detalhes nela contidos, saberia ser outra coisa. Precisamos, porém, de mais ferramentas para saber o que essa obra realmente significa. Por enquanto, vamos voltar ao assunto sobre a mulher ao lado de Jesus antes de passarmos para a próxima questão.

Outro forte indício de que o discípulo João é uma mulher é um grupo de desenhos pouco conhecidos que Leonardo fez sobre a cabeça de uma mulher **anônima**, como esta:

Comparando-a com a figura ao lado de Jesus, veremos se há alguma semelhança:

Não são idênticas?! Confiram outros desenhos de Leonardo que representam a mesma mulher:

Dá até para confundir quem é quem! E a semelhança é tanta que podemos perceber que elas possuem traços orientais, mesmo leves. Por mais que os especialistas digam que os pintores da Renascença pintavam João com traços femininos, eles erraram ao afirmarem que Leonardo fizera o mesmo, pois a figura ao lado de Jesus **não é um homem que possui traços femininos**, mas uma mulher, e a mesma dos esboços de Leonardo. Não tem como ter dúvidas! Mas quem poderia ter sido essa misteriosa mulher? E por que o seu rosto aparece em outras pinturas de Leonardo, como veremos depois? Um outro detalhe sobre ela são os seus cabelos, que aparecem soltos e despenteados. **Era incomum para a época retratar mulheres assim** sem que isso sugerisse certa intimidade com quem a desenhou.

Vamos, porém, para a segunda questão, que criou muita polêmica em cima dessa obra: a de que Leonardo teria formado uma **letra M** com os contornos dos respectivos corpos de Jesus e Madalena.

Essa letra, se de fato está lá, é apenas uma alusão a um outro M que é ainda mais significativo.

Alguns estudiosos alegaram que Leonardo posicionou Maria e Jesus de tal forma que se formasse a letra V, que simboliza o cálice, ou o útero, símbolos do Sagrado Feminino. E não é só isso! A Bíblia diz que o **discípulo amado estava reclinado sobre Jesus, e não afastado dele**, e, quando Pedro o indaga sobre quem vai trair o "messias", este discípulo ainda se encontra reclinado sobre o peito de Jesus. Entretanto, não é isto o que vemos aqui.

Quanto ao outro M, ele aparecerá, desde que endireitemos as duas figuras para ficarem de acordo com o relato bíblico. Para se fazer isto, é só pegar a imagem de Maria e colocá-la ao lado da de Jesus: as duas se encaixam harmonicamente, e o outro M se forma automaticamente.

Aliás, este M ficou muito mais evidente do que o outro. Leonardo foi tão espirituoso que fez com que aparecesse somente **na única coisa dessa pintura que está de acordo com a Bíblia**, a junção de Jesus com seu discípulo amado. Que ironia!

Essa espiritualidade é típica de Leonardo, e isso só reforça o argumento de que o significado real dessa simbologia é mesmo o do matrimônio, ou seja, **o M se refere ao MATRIMÔNIO**. Prova disso é que ele surge após unirmos Jesus e Maria Madalena. Em outras palavras, **o M só aparece claramente quando CASAMOS Jesus e Madalena**. E em quase todas as línguas europeias, inclusive o inglês, a palavra "MATRIMÔNIO" começa com a letra M. Quanto ao fato de Leonardo ter separado Jesus e Maria, não foi só para formar o M alusivo e o V de cálice, pois há muito mais coisas escondidas nesta obra. Se não acreditam, vejam este esboço em carvão de *A Última Ceia* que a mostra dividida bem no meio dos dois.

Ora, se tivermos que ver o M separado e dividido em duas partes, como Leonardo tanto queria, perceberemos então que os respectivos mantos de Jesus e Maria lembram agora um pequeno triângulo cada um, e **a única letra que se parece com um triângulo é a letra A**. E, se antes tínhamos um M perfeito, desfragmentado, ele agora se tornou **duas letras A**.

Um M, um V e agora os As. Isto está ficando cada vez mais interessante! Mas por que os As? O que poderiam significar, já que o M e o V todos sabem o que são? A resposta está nas outras pinturas de Leonardo, como logo veremos. Mas tem uma coisa que ainda não combina. Se Leonardo colocou tantos enigmas na pintura, como os frades de *Santa Maria delle Grazie* não perceberam nada, **incluindo o fato de o apóstolo João ser uma mulher**?

A resposta é simples! Os frades dominicanos de *Santa Maria delle Grazie* com certeza devem ter reparado sim, porém não reagiram porque não foram eles que encomendaram a Santa Ceia, e sim Ludovico Sforza, que na época já era o duque oficial de Milão, e, perante isso, **os frades não poderiam fazer nada a respeito**. Além do mais, Ludovico gostou tanto do trabalho que até presenteou Leonardo com um vinhedo, o que demonstra que os frades se dariam mal, se ousassem questionar a obra.

Outro fato que também dificultou uma averiguação mais apurada é que a pintura logo começou a se deteriorar. Lembram-se do comentário de Giorgio Vasari? Pois então, apesar de várias tentativas malsucedidas de restauração, somente em meados de 1950 é que a Santa Ceia foi totalmente restaurada. Então, finalmente as pessoas puderam ver **pela primeira vez tudo aquilo que Leonardo realmente pintara**. Essa é a melhor explicação de como ninguém notou que João, na verdade, era Maria Madalena.

E por que essa obra não retrata a última ceia, como todos imaginam ser?

Eis aí um detalhe interessante dessa obra prima. Reparem na terceira pessoa que está à esquerda de Jesus, o apóstolo Filipe. Notem que ele está **numa posição mais alta que a dos demais**, parece refletir uma certa tristeza e preocupação, o que é bem diferente das expressões dos outros, e é o único que aponta para si mesmo.

Suas vestimentas têm as cores azul e vermelho, **como as de Jesus e Maria**, e o mais intrigante é a pessoa que serviu de modelo para esse personagem foi nada mais nada menos que **SALAI**. Ele estava com 18 anos quando a Santa Ceia foi terminada (Salai também serviu de modelo para algumas outras pinturas de Leonardo). Agora quero que observem o personagem que se encontra bem ao lado de Jesus, o que aponta o indicador para cima. Esse gesto chega a ser quase uma obsessão nas obras de Leonardo, ou melhor, **nas obras pós 1480**, e ele representa o arcanjo Gabriel, o anjo da anunciação, que gesticulou assim quando anunciou a vinda do "messias". Alguns já ofereceram a explicação de que esse gesto seria o de João Batista. Bom, se levarmos em conta que João Batista **também anunciou** a vinda do "messias", sim, o indicador também pode se referir a ele, apesar de que, nas obras de Leonardo, os anjos fazem muito mais esse gesto do que o primo de Jesus. Mas, independentemente disso, o indicador em riste simboliza a **ANUNCIAÇÃO**, e nada mais.

A última coisa a falar aqui é a ênfase que Leonardo deu aos opostos, ou seja, ao masculino e ao feminino. Desnecessário dizer que as roupas de Jesus e Maria apresentam as mesmas cores, mas ao inverso, o que reforça a ideia **de que um é o homem e o outro é uma mulher**. As palmas das mãos de Jesus também estão invertidas, já que uma está voltada para cima e a outra para baixo.

Enfim, falamos muito dessa obra prima, e seu real significado virá quando expusermos a chave que nos permitirá decifrar todos os mistérios de Leonardo. Por enquanto, vamos analisar mais algumas pinturas.

Algum tempo depois de Leonardo ter se mudado para Milão, ele começou a pintar um quadro que ficou tão ambíguo que ninguém foi capaz de explicá-lo. Trata-se da sublime *A Virgem das Rochas*.

Bastante conhecida é a história do desentendimento entre Leonardo e a confraria que encomendou o quadro, a *Irmandade da Imaculada Conceição*, e que por causa disso Leonardo teve que pintar uma outra versão anos mais tarde. Alguns dizem que foi porque Leonardo trocou a posição das personagens no quadro, já que a Virgem Maria, que está no centro, coloca sua mão sobre João Batista, e o anjo à esquerda dela, que está apontando o dedo para João, aparece junto ao menino Jesus, que por sua vez abençoa João. Daí, muitos se perguntaram: por que João está junto de Maria, e não Jesus? Não era para ser o contrário? Pois o "messias" é que deveria estar junto dela, e não afastado. Porém, se Leonardo tivesse trocado a identificação dos bebês, **ficaria ainda pior**. Em vez de Jesus abençoar João, este é quem abençoa Jesus! Aí é que a confusão começa! Parece que esse quadro é uma **boa charada**, e não é só isso. Notem que João aparece numa posição superior à de Jesus e o anjo traz em sua bela face um **enigmático sorriso**. Muitos pensam que o sorriso só existe na "Mona Lisa", mas estão enganados. **Com o gesto da anunciação, o sorriso é outra constante nas obras pós-1480**. E ambos têm significado! **E não é que o anjo faz o gesto da anunciação também?**

Gesto da anunciação? Mas o anjo não está apontando para João Batista?

Isso se esse bebê fosse realmente o João. Mas na verdade não é ele!

E quem seria então?

Essa é a charada! As obras pós-1480 possuem um duplo sentido, ou seja, uma coisa que parece ser, mas não é, e outra que não parece ser, mas é. Em outras palavras, são **duas mensagens numa só**: a primeira é visível, mas confusa; e a segunda é oculta, mas perfeitamente coerente. E só quem tiver a chave certa poderá decifrar a charada. Leonardo foi mesmo um gênio! **Conseguiu enganar a todos!** E a forma da mão do anjo lembra algo curioso. Vejam:

Um pouco forçado? Pois esse símbolo tem **tudo a ver com o contexto dessa obra**. Mas, voltando a Milão, restou-me falar sobre a reviravolta na vida de Leonardo e Salai. Tudo aconteceu quando o exército francês invadiu o ducado e as 60 toneladas do bronze que seriam usadas no cavalo foram transformadas nos canhões que defenderiam a cidade. Quanto ao enorme molde de argila do cavalo, os soldados franceses o usaram para praticar tiro ao alvo, julgando que o molde era um símbolo adequado, um símbolo dos Sforza. E esse foi o fim do cavalo e do sonho de Leonardo. Ele lamentou essa tragédia até os seus últimos dias.

Depois disso, aquela tranquilidade e aquela segurança se acabaram e, em 1499, Leonardo e Salai tiveram que deixar Milão. Primeiro, eles foram para Mântua, depois para Veneza e, após mais algumas viagens, finalmente se fixaram em Florença. De volta à sua terra natal, Leonardo pintou algumas obras importantes, como o cartão *Santa Ana, a Virgem, o Menino e São João* (que também é ambíguo e contém o gesto do indicador e o enigmático sorriso), e a *Virgem do Fuso*, hoje perdida, mas que devia ter sido muito bela, a se julgar pelas cópias.

O cenário do fundo se parece muito com o da "Mona Lisa". Além disso, o bebê parece brincar tranquilamente com um fuso de tear, que representa a cruz, mas sua mãe, parecendo estar preocupada com isto, tenta afastá-lo do fuso, ou melhor, tenta afastá-lo da cruz. Intrigante, não? Notem que o bebê também apresenta o indicador estendido.

Mas, depois que Leonardo e Salai se fixaram em Florença no começo do novo século, o XVI, não demorou muito para o artista buscar mais uma vez a **proteção e a segurança de um patrão poderoso**. No entanto, o novo patrão que ele encontrou era bem mais do que isso, pois era ninguém menos do que **o homem mais poderoso e temido da "Itália"**, além de ser um grande comandante militar, cardeal e, ainda por cima, filho bastardo do próprio Papa. Estou falando do temido Cesare Bórgia, o Valentino, filho do Papa Alexandre VI.

Rodrigo Bórgia, ou o Papa Alexandre VI, foi uma figura e tanto. Ele ficou famoso pelas várias amantes que teve, pelos filhos, como a Lucrécia Bórgia, e por ter a fama de ser um envenenador de sucesso, como seu filho, que era um assassino frio e cruel. Apesar disso, Leonardo passou a ser um homem de confiança de Cesare, e agora sim ele trabalhava somente como engenheiro militar. Isso lhe deu o "Passe dos Bórgias", que lhe permitia circular pelo grande império de Cesare, e Leonardo podia fazer o que bem quisesse com esse salvo-conduto.

Há também um estranho relato que ocorreu nesse período que revelará ainda mais a chave para compreender todo o mistério, mas agora já estamos em 1503 e chegou a hora de revelar a verdade sobre a pintura mais famosa de todos os tempos, a Mona Lisa!

A Mona Lisa

Nenhuma obra de arte tem despertado tanto a imaginação das pessoas e furiosos debates entre os acadêmicos do que aquela que é conhecida pelas pessoas como a Mona Lisa, ou a Gioconda, como os franceses e os italianos preferem. Seu sorriso enigmático, sua graça, seu olhar que acompanha o espectador por onde quer que ele ande, enfim, tudo isso nunca deixou de fascinar. Mas quem é ela? Quem teria sido a pessoa na qual Leonardo colocou tanta perfeição?

O primeiro a dar uma resposta, 30 anos depois que Leonardo morreu, foi Giorgio Vasari, que disse que, em 1503, Leonardo estava trabalhando no retrato de Mona Lisa, cujo nome verdadeiro era Lisa Gherardini, a esposa de um rico mercador florentino, Francesco del Giocondo. Ele também disse que a obra ficou inacabada quatro anos depois e que Lisa sorria com "um sorriso mais divino que humano", segundo suas próprias palavras, porque Leonardo contratara músicos e bufões para acalmá-la e animá-la.

Muito mais importante do que isso foi sua descrição detalhada do quadro. Vejam:

> *"Os olhos tinham o brilho e a luminosidade úmida que sempre têm na vida real, e em volta deles havia aquele toque de vermelho e cílios que não podem ser representados sem a maior sutileza. As sobrancelhas não poderiam ser mais naturais. Pela maneira como saem os pêlos da pele, ora espessos ora não, encurvam-se conforme os poros da carne. O nariz, com suas belas narinas, cor-de-rosas e delicadas, parece estar vivo. A boca entreaberta, unida pelo vermelho dos lábios aos tons de carne do rosto, não parece ser pintada, mas ser a carne viva. E quem contemplava com atenção a cavidade do pescoço, veria pulsar as veias."*

DA VINCI REVELADO

Só de Vasari descrever os cílios, as sobrancelhas e a boca entreaberta, nós já sabemos que **se trata de outra pintura**, já que a famosa obra do Louvre não possui absolutamente nada disso. Nem um único pelo no rosto. E nunca teve, segundo as análises feitas por peritos. E esse negócio de narinas rosadas, tons de carne do rosto, veias no pescoço... Com certeza **Vasari se confundiu com um outro quadro**. Ou, então, será que não existe mesmo um quadro chamado Mona Lisa que levou Vasari a deduzir que fosse o mesmo que estava sendo feito para Lisa Gherardini?

Recentemente, cientistas da Universidade alemã de Heidelberg acharam um documento que confirma que Leonardo estava mesmo trabalhando num retrato de Lisa Gherardini, porém tal documento também fala que ele trabalhava em mais **dois outros retratos no ano de 1503**. Outra coisa é que Vasari **nunca viu a que está no Louvre**. Além disso, não existe **uma só palavra** em todos os cadernos de Leonardo referente a nenhuma Mona Lisa, nem ao quadro que estava sendo feito para Lisa Gherardini, já que possivelmente esse trabalho ficou inacabado e ela nunca recebeu a encomenda. Vasari também não fala da paisagem do fundo, do corpo da modelo e, principalmente, das mãos sobrepostas dela, pois todas essas coisas foram novidades acrescentadas exclusivamente por Leonardo.

Todavia, ele descreve somente a cabeça e o pescoço, como se o quadro que ele supostamente vira não tivesse nada mais do que disso. E o detalhe mais importante é que ele disse que a tela ficara inacabada depois de quatro anos. Só isso já é o suficiente para derrubar o mito de que a obra que está no Louvre é a mesma que ele descreveu, porque Leonardo trabalhou nela até o fim de sua vida. Impressionante como os especialistas continuam dando crédito ao mito do quadro do Louvre diante de todas essas informações.

Recapitulando, Leonardo estava trabalhando em três retratos nessa época. Um, segundo Vasari, que se chama Mona Lisa; outro que estava sendo feito para Lisa Gherardini, que já sabemos que existe; e mais um do qual não se sabe nada. Teria Vasari visto alguns desses e daí uma grande confusão se formou ao acharem que seria o mesmo que está no Louvre? Sabe-se que Rafael Sanzio visitou o ateliê de Leonardo nessa época e ficou impressionado com um desses quadros. Ele ficou tão maravilhado que fez um esboço idêntico ao do retrato. Mas a diferença deste com a pintura do Louvre, além do rosto, é que a mulher possui sobrancelhas, cílios e a boca entreaberta, apesar de não estar sorrindo, o que já exclui o quadro que Rafael viu da descrição de Vasari. É bastante provável que o esboço de Rafael represente o original feito para a esposa de Francesco Del Giocondo.

Outro problema é que na obra do Louvre a mulher está vestida com trajes humildes. As mulheres de classe social abastada, ainda mais a esposa de um rico comerciante, como Francesco del Giocondo, **nunca seria representada assim**, no que parece ser mais uma camponesa. Já até tentaram arrumar um monte de explicações para tais problemas, como a de que Lisa estaria grávida e teria que se vestir desse modo, o que é um tremendo absurdo! Não obstante, sabe-se que Leonardo dedicava uma atenção toda especial à do Louvre. **Ele a levava para todo lugar debaixo do braço** e **nunca parou de trabalhar nela**. Quando Leonardo se mudou para a França, levou-a com ele, e lá a pintura ficou. Antes de morrer, ele recebeu a visita de um cardeal e o secretário deste anotou em seu diário que vira o quadro, mas disse que a obra **foi feita para o irmão do Papa Leão X**, Giuliano de Médici, não falando nada sobre Lisa e nenhum mercador florentino. O que é óbvio, pois Leonardo nunca daria tanta atenção a uma simples encomenda feita por um mercador, já que ele recusara muitos trabalhos bem mais importantes.

Mas agora quero que prestem bem atenção nesta obra:

Já a viram, não é mesmo?! Onde?

Ora, na descrição de Vasari! Ou seja, esta sim tem um sorriso e **todas as características que Vasari falou**: as sobrancelhas, os cílios, a boca entreaberta, os tons de carne do rosto, até o pescoço é do jeito que ele descreveu. Além do mais, nessa obra **não há cenário de fundo, não há mãos sobrepostas e ela apresenta um aspecto de estar inacabada**. Enfim, tudo isso combina tanto com a descrição de Vasari de que pode ser essa **a autêntica obra que ele chamou de Mona Lisa**! Percebam que é ela quase idêntica à do Louvre, muito mais do que qualquer outra, incluindo a de Rafael. E essa incrível semelhança pode explicar o fato de a Gioconda ter sido chamada de Mona Lisa, pois, se Vasari tiver mesmo se referido a essa pintura, não estranharia se alguém, ao ler o seu texto, ter pensado precipitadamente que ambas fossem a mesma obra. E, se isso tudo for mesmo verdade, o resultado foi que a confusão se formou e o mito, infelizmente, pegou, como já aconteceu com várias outras obras de arte.

Observem com atenção como as duas obras são semelhantes, quase idênticas:

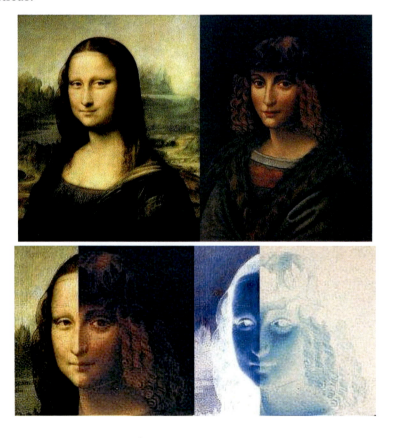

Mas, se esse retrato for a **verdadeira Mona Lisa**, isso quer dizer que existe uma **outra Lisa além da Gherardini**?

Não, pois este retrato tem uma identidade bem garantida. E quem é? Esse aí é **o retrato de SALAI**!

Isso quer dizer que agora sim estamos diante de uma verdadeira charada. A descrição é a mesma da Mona Lisa de Vasari, parece estar inacabado e não tem nada a ver com o quadro de Lisa Gherardini, ou o que Rafael viu. Mas, se a identidade é a de Salai, a criança misteriosa que apareceu em 1490 no **dia de Maria Madalena**, por que então Vasari a chamou de Mona Lisa? Pois, se prestarem mais atenção na palavra "Mona Lisa" e tentarmos rearranjar suas letras, como num anagrama, *voilá*! Eis aí a grande surpresa!

MONA LISA é igual a MON SALAI...

"Mon Salai", do francês, que quer dizer "**MEU SALAI**"! Espantoso! Então isso prova que o retrato de Salai é mesmo a verdadeira obra chamada de Mona Lisa. Mas por que Vasari a chamou assim e por que ele identificou a personagem como sendo a de Lisa Gherardini?

Quando Leonardo e Salai levaram esse retrato e o do Louvre para a França, é bem provável que eles usassem um jogo de palavras ao se referirem a algumas obras, já que a Leonardo agradava esse tipo de brincadeira. Vasari pode ter ficado sabendo sobre a tal brincadeira ao fazer sua pesquisa para a biografia de Leonardo e, daí, deduzido que o anagrama MONALISA se referia àquele quadro que estava sendo feito para Lisa Gherardini em 1503. A palavra "LISA" provavelmente o confundiu. Aliás, em seus outros trabalhos biográficos, há também **vários erros e confusões como essa**, apesar de terem um inestimável valor histórico.

E o mais irônico é que o nome que gerou tanta polêmica e debate foi confundido com uma obra que é chamada de Gioconda, do italiano, que quer dizer "**brincalhona**", e tudo por causa de uma brincadeira típica de Leonardo ao rearranjar as letras de "Meu Salai" como "Monalisa".

Por falar em Gioconda, será que "Mon Salai" também é a chave que revelará o segredo do quadro mais famoso da história? Agora sim estamos chegando ao ponto! Eis a hora de vermos um grupo de quadros mui interessantes que ainda **não são do conhecimento dos leigos**. Todos eles foram pintados no ateliê de Leonardo e parecem representar a mesma pessoa do quadro do Louvre e do Mon Salai. Além do mais, há fortes indícios de que eles foram pintados pelo próprio Salai. Mais um detalhe, esses quadros raramente estiveram em alguma exibição, e todos pertencem a coleções particulares.

Esse grupo de quadros creditados a Salai é conhecido como *Mona Vanna*, ou *Gioconda Nua*, e todos retratam a mesma pessoa. O mais interessante é terem características semelhantes às da Gioconda do Louvre. Até o cenário de fundo de uma delas é igual. Porém, o que mais intriga é o rosto de Salai, que está em todas elas, como podemos comprovar por meio do quadro "Mon Salai".

Os estudiosos palpitaram que se trata de cópias da Gioconda, mas esse argumento não está correto, por causa de um detalhe. Se prestarem atenção nos braços, verão que são masculinos, e bem fortes por sinal, **o que exclui a possibilidade de serem meras cópias**. E se a Gioconda foi pintada baseada neles, como se fossem protótipos? É provável, mas o que importa é que esses quadros representam uma figura **andrógina** cujo rosto é idêntico ao da Mona Lisa que Vasari viu, e idêntico ao da Gioconda do Louvre. Além disso, todas elas são a mesma pessoa, Salai. E isso só reforça a hipótese de que **a Gioconda do Louvre é só mais uma representação dele**.

Leonardo, além de escultor, pintor, cientista, engenheiro, arquiteto, inventor, matemático, anatomista, geógrafo, botânico, músico, empresário teatral, cozinheiro e fabulista, também está se revelando ser um grande **mestre das charadas**. E, se quiserem resolver essa charada, teremos que analisar mais algumas montagens, agora com comparações entre as Monas Vannas e a Gioconda.

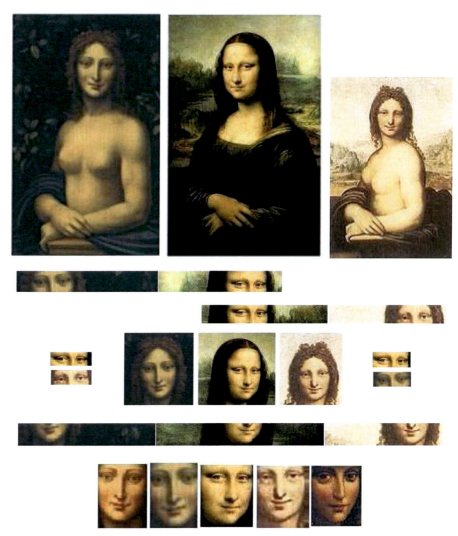

Maravilhadas, milhões de pessoas se deparam com a obra mais famosa do Louvre sem se darem conta de que estão de frente ao discípulo preferido de Leonardo da Vinci! Mas por que Leonardo pintaria Salai travestido de mulher? Tudo o que se sabe sobre a sexualidade de Salai é que ele era heterossexual, era mulherengo e até se casou com uma bela dama. E quanto a Leonardo? Talvez ele nutrisse uma paixão secreta por Salai, o que o levou a pintá-lo como uma mulher... Afinal, todos não dizem que ele era homossexual? Isso é o que pessoas que pouco entendem de Leonardo afirmam.

No entanto, Leonardo não era homossexual, e mais tarde comprovaremos isso. Claro que ele foi acusado de sodomia, e não só ele, como Botticelli também. E é óbvio que a intenção da denúncia era prejudicá-lo ou mesmo matá-lo. Além do mais, ele teve que ser absolvido porque não existiu um só indício da infame acusação. Tirando isso, não existe nada mais que o ligue à homossexualidade, um só relato! Este é com certeza mais **outro mito que foi inventado pelos que pouco conhecem** a obra, a vida e a mente complexa do mestre.

Mas Leonardo nunca se casou! Não existe registro de mulheres em sua vida. Será que não?! Pois posso ir adiantando que existiu sim uma mulher em sua vida e que ela ficou oculta até agora aos olhos de todos.

Então qual a sua explicação para o fato de Salai estar representado como um, digamos, andrógino? Essa é a palavra correta, ANDRÓGINO. Mas disso não falaremos agora. Antes temos que examinar os últimos quadros de Leonardo para, então, decifrarmos todos os seus mistérios. No entanto, cabe fazer uma última análise nas Monas Vannas e na Gioconda. Ou melhor, uma experiência, que será espelhá-las para ver se é possível encontrar algo. Baseio-me no fato de que Leonardo gostava de transmitir ou ocultar suas mensagens, de modo que **temos que espelhá-las** para compreendermos seu significado. Se ele ocultou informações em suas pinturas, obviamente o melhor a fazermos é espelhá-las, não é mesmo?!

Há um detalhe na Gioconda que fica nítido quando a espelhamos.

No lado esquerdo da Gioconda, no que antes era somente um caminho úmido e sinuoso, há uma **letra S escondida**!

Mensagens Ocultas

O que poderia ser esse S?

Bom, parece que agora temos algumas letras que ainda são uma incógnita: as duas letras A da *Última Ceia* e agora esse S. O jeito é analisarmos as obras que restam para ver se é possível descobrir mais alguma coisa que nos ajude a entendê-las. Tais obras são da década de 1510, década na qual Leonardo fez várias viagens entre Milão, Florença e Roma, e durante um período de dois anos, de 1514 a 1516, ele circulou bastante pelos arredores de Roma.

A primeira delas é a *Virgem com o Menino e Santa Ana*:

Essa pintura é muito bela, mas também apresenta alguns problemas, como era de se esperar. O primeiro é que Leonardo nos faz crer ser essa uma representação de Santa Ana, a avó de Jesus, e sua filha Maria, sentada em seu colo. Todavia, as duas mulheres parecem ter a mesma idade. Nenhuma é mais velha que a outra. Elas também parecem compartilhar de um mesmo corpo.

Outro problema que surge são as respectivas atitudes delas. Notem que Maria parece querer afastar o menino Jesus do cordeirinho, que significa a paixão, o sacrifício pela humanidade, mas ele não está gostando nem um pouco disto. Por isso é que ele agarra o cordeirinho com uma certa violência, como se não quisesse soltá-lo. E o pior, o que Santa Ana faz em relação a isso? Nada! Pelo contrário, o que surge é aquele **enigmático sorriso** em sua face. Isso não está de acordo com o que se acredita serem as outras versões de Leonardo para esse mesmo tema.

Segundo relatos de pessoas que viram essas versões, Santa Ana tenta evitar que Maria separe o menino Jesus do cordeiro, já que ela simboliza a Igreja. Porém, não é isso o que vemos aqui. Santa Ana não quer evitar esta ação de Maria e também não mede esforços para soltar seu ambíguo sorriso. E isso significa que estamos diante de uma **nova charada**! Não me admira que Leonardo tenha levado este quadro com a Gioconda e as duas outras que veremos a seguir para a França. Estaria aqui algo a ser revelado?

A penúltima obra é uma representação um tanto esquisita do que as pessoas acreditam ser São João Batista, o "Santo Asceta":

Nenhuma pintura de Leonardo causou tanto desgosto aos estudiosos quanto essa. Por isso ela é tão pouco divulgada em relação à Gioconda. O motivo é que muitos não gostaram dela, acharam-na de mau gosto. Como poderiam entender que Leonardo representou o "Santo Asceta" de uma maneira tão sensual, feminina, exótica e ambígua? Além disso, a única coisa que lembra João Batista é a sua descrição iconográfica, pois a figura retratada também segura uma cruz e aponta o indicador para o alto. **E ele possui o mesmo sorriso enigmático da Gioconda.** Como nunca falaram disto?

A verdade é que nessa obra Leonardo foi longe demais em suas charadas. Nela, fica evidente que existe mesmo uma mensagem de duplo sentido, ou seja, uma **mensagem atrás da outra**. E, também, é nela que está a penúltima peça que permitirá encontrar a chave de seus segredos, pois há muito mais mistérios nesta pintura.

A primeira coisa a se observar é que deve haver algo em comum entre ela, a que veremos a seguir, a Gioconda e a Santa Ana, pois todas foram levadas para a França por Leonardo e eram especiais para ele. Já até aventaram a hipótese de que há uma ligação oculta entre elas. **E a pessoa que serviu de modelo para João Batista foi o Salai**, e talvez a única pista para se entender este quadro possa estar nele. O que é animador, já que ninguém sabe como essa obra foi pintada. Quando ela foi submetida a uma radiografia, **nenhum traço de pincelada foi revelado**, a não ser um grande vazio, como se tivesse sido **pintada como uma névoa**, o que prova que Leonardo atingiu a perfeição na pintura. Essa técnica jamais foi superada!

Mas vamos para a representação dessa curiosa obra:

Existe um quadro similar ao de João Batista que é uma réplica de um suposto original de Leonardo. Os especialistas o chamam de *O Anjo da Anunciação*. Aqui está ele comparado ao de João Batista:

O *Anjo da Anunciação* foi chamado assim simplesmente porque o braço muda de posição. Mas também há os que dizem que é por causa da cruz, pois o anjo não segura a cruz que caracteriza João Batista. Porém, a cruz pode, na verdade, significar outra coisa. Prova disso é que existem cópias idênticas de João Batista que não estão com nenhuma cruz. E também há uma em que, em vez da cruz, o que temos é... um falo, mas ainda não está na hora de falar nisso.

Concluindo, o que parece é que agora não há **nada que possa identificar o quadro como uma representação de João Batista**. Não há mais diferenças iconográficas entre ele e o *Anjo da Anunciação*. Ambos os personagens fazem o mesmo gesto, e a cruz pode estar lá somente para significar outra coisa. Ou, o que ainda é mais plausível, todos esses símbolos e charadas que Leonardo colocou em suas obras só podem se referir a um segredo: a **ANUNCIAÇÃO DO MESSIAS!**

Agora sim isto virou uma grande confusão! Esse quadro talvez não represente João Batista, já que não há um referencial seguro para diferenciá-lo do quadro do anjo, e que ambos podem significar a mesma coisa, a anunciação. Então por que diabos um está com o braço para a esquerda e o outro para a direita? Aí é que caímos naquele problema que falei anteriormente, o das **duas mensagens numa só**. Parece que Leonardo utilizou determinados símbolos para dar a impressão de que suas obras aparentassem ser uma coisa. Essa foi uma maneira genial e criativa que ele encontrou para ocultar suas mensagens sem que corresse nenhum risco de vida. Como já vimos que ele gostava de ocultar informações utilizando a técnica do espelhamento, como na Gioconda, quem sabe não fez o mesmo em João Batista, já que a posição invertida do braço do anjo parece sugerir isso mesmo, ou seja, uma outra alusão, como na *Última Ceia*. O anjo, então, poderia ser apenas uma sugestão de que a posição do braço conta e de que algo se revelará quando o dito João Batista for espelhado para ficar com a mesma posição do braço do anjo. Vamos espelhá-lo, então:

Podemos concluir que uma outra forma parece surgir agora, ou melhor, **um padrão**.

Na Santa Ceia, Leonardo deixou Jesus e Maria separados para que o M formado pela junção de seus respectivos mantos ficasse igual a duas letras A. E, quando espelhamos a Gioconda, o que encontramos foi um S perfeito. Sendo assim, o tal padrão teria a ver com letras... Letras ocultas! De acordo com esse mesmo padrão, se ele de fato existir, deveria haver uma outra letra em João Batista, correto? Pois olhem bem para a figura espelhada e vejam que há uma sombra bem definida contornando o braço do "Santo".

A letra L!

Agora sim podemos ir para a última pintura, que de longe é a mais polêmica de Leonardo. Tão polêmica que a maioria dos estudiosos ainda não quer admitir que foi ele quem a pintou. E digo mais: é **nesta aí que está a chave de todo o mistério**... Um mistério tão imenso que ultrapassa o âmbito da criação de Leonardo. Estou falando de *Baco*.

Apesar desse nome, Baco, os estudiosos acreditam que era para ser outra representação de João Batista. O motivo da confusão é que, se a obra anterior já fugia demais da imagem do "Santo Asceta", esta, então, nem se fala, pois São João Batista não poderia ter tido uma representação mais **pagã**, já que ele lembra mais o "deus do vinho". Entretanto, existe também outra descrição que se encaixa com essa representação. Mas antes alguns detalhes...

O rosto de Salai foi novamente usado. E, devido à semelhança com o quadro anterior, talvez seja por isso que os estudiosos acharam que esse personagem deveria ser João Batista. Também foi retratada uma paisagem bucólica, **arcadiana**, o que sugere que o personagem realmente está **mais para um pastor do que para um santo**. E, de fato, ele até está com uma **vara de pastor**. Ou de eremita, mas também poderia representar o tirso de Baco. Muitos acadêmicos argumentam que, originalmente, a vara era uma cruz, mas esse argumento é falso. A prova é um esboço feito pelo próprio Leonardo que demonstra que nunca existiu nenhuma cruz na pintura. Confiram:

Podemos ver claramente que não é uma cruz, senão uma vara segurada por Salai. Outro detalhe é sobre a bela paisagem da pintura e uma imponente montanha que se encontra lá no fundo. Logo falaremos dela...

Quanto às expressões de Salai, podemos notar aquele **enigmático sorriso e um olhar desafiador**. Seus gestos também são intrigantes. Outra vez, temos o **indicador estendido**, só que dessa vez são dois em vez de um. Um deles aponta para baixo, e o outro aponta para a vara, e isso é relevante, pois, se julgarmos seu olhar, que parece querer nos dizer algo importante, e sua indicação explícita à vara, podemos deduzir que este objeto não está aí somente para corroborar que o personagem vive no campo. Então, seguindo a mesma linha de raciocínio, que é o uso do padrão de letras, só há uma letra possível de ser representada pela vara da figura: obviamente, **a letra em questão é o I.**

Acho que já temos todas as letras agora. E em nenhuma outra PIN-TURA de Leonardo há algo que possa ser representado por uma letra de um modo tão perfeito e preciso.

Primeiro, obtivemos as duas letras A da *Última Ceia*, depois o S da Gioconda, o L de João Batista e agora a letra I do último quadro de Leonardo. Temos então: **A A S L I.**

Alguma sugestão? Se rearranjarmos todas elas, o que se forma é a palavra:

SALAI

A A S L I é igual a S A L A I, assim como MONALISA é igual a MON SALAI. O que tem de tão especial em Salai? Por que toda hora ele surge na obra de Leonardo, ora como personagem, ora como letras ocultas? Qual é o seu mistério?!

Salai

O mistério de Salai é que as letras S, A, L, A e o I **somente aparecem em pinturas que têm o próprio Salai.** Em nenhuma outra pintura de Leonardo ele aparece como personagem, somente nessas aí! E o mais interessante é que, além das letras M e V, cujos significados já foram estudados, só existem essas cinco letras nas pinturas de Leonardo. As cruzes não contam, pois elas estão nas pinturas para significar o que são mesmo, ou seja, cruz é cruz nas obras de Leonardo. Elas não possuem sentido oculto.

Agora, quanto ao V, ele também está na verdadeira Monalisa com o mesmo significado, mas disso falaremos depois. Antes de nos aprofundarmos nas obras que formam a **palavra-chave SALAI** para ver se as deciframos logo de uma vez, vamos visualizar as partes das pinturas que correspondem às letras, para que fique mais claro.

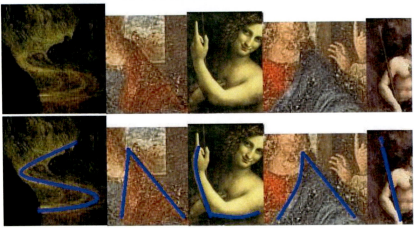

Agora só com as letras destacadas nas pinturas:

Agora que temos a chave, ficará mais fácil decifrar as obras que formam o nome Salai, pois esse personagem era a peça que estava faltando no quebra-cabeça. Dito isso, vamos recapitular a *Última Ceia*.

Vimos que Salai aparece nela posicionado mais alto que os demais, até que Jesus. Também vimos que ele é o único que aponta para si próprio e está trajado com as mesmas cores das vestes de Jesus e Maria Madalena. Será então que ele possui alguma ligação com ambos? E por que ele aponta para si próprio, como acontece também em João Batista?

Quanto a Judas Iscariotes, vimos que Leonardo inovou retratando-o **derramando sal na mesa**, e isso não tem nada a ver com a traição, nem com superstição. O que Leonardo quis fazer foi outra referência oculta a Salai, já que **sal, em italiano, é SALE**, e qualquer bom entendedor pode reparar quanto as palavras SALE e SALAI são semelhantes. E mais: Salai, pronunciado em francês, soa exatamente como SALE. Coincidência? Os especialistas sabem que Leonardo gostava desse jogo de palavras. Aliás, ele já havia feito isso no retrato de Ginevra Benci ao pintar os Juníperos: em italiano, *ginepro* soa semelhante a Ginevra, e tornaria a usar esse jogo em "Mon Salai", como já vimos. Então, se ele usou **Juníperos para se referir a Ginevra**, por que não poderia fazer o mesmo com o Sale e Salai?

Além disso, Leonardo também utilizou esse jogo de palavras na sua famosa obra *A Dama com o Arminho*, pois o equivalente em grego para a palavra "Arminho", *Galée*, seria uma referência direta à amante de Ludovico Sforza, **Cecilia Gallerani**, que é a mulher que pode ter sido retratada nessa obra. O interessante é que a palavra *sale* tem muito mais a ver com Salai do que *galée* com Gallerani, ou *ginepro* com Ginevra. Além do que, as palavras italianas *salato*, *salare* e *salai*, que significam respectivamente "salgado", "salgar" e "salguei", além de estar relacionadas ao SAL e o ato de Judas "salgar" a mesa, também se parecem com Salai.

E, já que corroboramos tal associação, o que acontece é que **toda a mensagem da *Última Ceia* muda**. Agora já não temos mais a traição como o principal motivo, senão um novo foco. E que foco seria esse?

Levando-se em conta que alguns apóstolos estão agitados e preocupados, Maria parece ser repreendida por Pedro, Jesus tenta apaziguar a discussão com a posição invertida de suas mãos, **simbolizando o equilíbrio**, enquanto Salai parece estar preocupado consigo próprio ao apontar para si mesmo, além do fato de ele estar ligado a Jesus e Madalena pelas cores das roupas, sabe o que isso tudo parece?! Que toda a trama está ligada a uma rixa que acontece por causa de Maria e da figura que Salai representa. **Como se os dois fossem o motivo da discussão**! Senão, vejamos: Salai aparece com muita importância na pintura. Ele está mais alto do que os outros. Jesus aparece somente como um apaziguador, demonstrando descrença e tristeza pela briga que viu surgir. É como se algo que fosse dito ali, e que envolve Maria e Salai, tivesse despertado a fúria de Pedro, e daí uma grande discussão começara a surgir. Jesus fica triste e tenta acalmar os ânimos, enquanto os outros, indignados e frustrados, começam a comentar uns com os outros sobre o que escutaram. Em seguida, algo revelador ocorre, e aí está a chave que nos permitirá entender toda a obra de Leonardo após 1480! Uma das pessoas que está ao lado esquerdo de Jesus faz o gesto da anunciação do "messias". Então, fica fácil supor que este gesto está definitivamente ligado à trama.

Mas o "messias" não é o Jesus? Teria que ser, mas o gesto da anunciação significa que o assunto ali tem algo a ver com a questão de uma **certa sucessão**. Em outras palavras, a discussão seria sobre **quem seria o real sucessor do "messias"**. Aliás, isso já foi sugerido por alguns estudiosos de Leonardo, que notaram que na pintura, do lado de fora do cenáculo, estava **de dia**, o que não corresponde com a ceia pascal judaica, que acontecia sempre depois do **pôr do sol**. Mas será que Salai tem alguma coisa a ver com essa sucessão? Sucessão, ou descendência! Ainda é cedo para vermos isso, no entanto. Ainda temos que dar uma examinada nas pinturas que possuem as letras S, L e I. Mas gravem bem o que falei. Algo acontece aqui que parece estar ligado a dois personagens, Maria Madalena e Salai, a um gesto de anunciação e a uma possível questão de sucessão! E esse mesmo esquema tornará a se repetir em quase toda a obra leonardiana, exatamente do mesmo jeito. Até a cabeça daquela moça que serviu de modelo para Maria Madalena fará parte do mistério. Enquanto isso, uma última curiosidade sobre a ligação entre Maria Madalena e Salai é que ambos são os **únicos personagens que não possuem barba**.

Agora vamos recapitular o João Batista, porque nele tem muita coisa que nos ajudará a esclarecer as questões. Vimos, valendo-nos da réplica de um trabalho de Leonardo, que a posição do braço deveria ser espelhada, e há também outro esboço que sugere o mesmo, como veremos logo. Também vimos a confusão que é identificar a figura como João Batista, pois o gesto e a cruz possuem outros significados. Prova disso é este quadro similar que Salai pintou:

Temos aí Salai representando o mesmo personagem, com a mesma posição do braço, o mesmo gesto da anunciação e a mesma mão apontando para si próprio. Porém, onde estará a cruz? Será que esta poderia significar outra coisa, como um código? Mas como, se agora pouco foi falado que cruz é cruz nas obras de Leonardo?!

O que foi afirmado é que a cruz não é letra, mas isso não exclui a possibilidade de ela poder ser um código, pois, como veremos agora, a cruz tem tudo a ver com o gesto da anunciação e com aquela questão da sucessão que vimos existir na *Última Ceia*. Para comprová-lo, vejam o esboço que foi citado agora pouco:

    Esse desenho é famoso. Comprado outrora pela rainha Vitória, desde então ele pertence à coleção real de Windsor. Chamado de *O Anjo Encarnado*, o desenho apresenta a posição do braço invertida em relação ao João Batista (como naquela réplica), o rosto de Salai com o sorriso e os mesmos gestos das mãos. Porém, há um FALO em vez da cruz, e foi esse falo que levou os estudiosos a chamarem a obra de *O Anjo Encarnado*, por causa da **androginia**. E, como é normal que na obra de Leonardo as coisas não sejam bem o que aparentam serem, todas as obras similares ao João Batista vistas até agora, na realidade, são **uma única coisa**. Sendo assim, a cruz terá ligação com o falo assim como o braço voltado para a esquerda teve com o voltado para a direita.

    A cruz está relacionada ao falo?

    A cruz, em João Batista, está perfeitamente alinhada com o falo do desenho. Em outras palavras, **a cruz parece sair literalmente do falo**. Confiram:

Quer dizer então que, se a cruz é um código, algum segredo deve estar relacionado com ela. E, como a cruz parece estar saindo do falo, concomitantemente esse segredo também tem que vir... dele! Isso sugere...

UMA DESCENDÊNCIA?!

Novamente aparece aqui a ideia de uma sucessão, ou descendência, como já havíamos visto. O mais intrigante é que já não podemos perguntar qual descendência. Sabemos agora que ela está relacionada a uma cruz. E a **figura mais popular** que aparece como símbolo da cruz qualquer um sabe responder qual é: **Jesus**. Também já não podemos mais perguntar quem seria o descendente, pois Salai já nos deu a resposta. **Ele aponta para si mesmo**, como na *Última Ceia*.

Salai aponta para si próprio ao nos falar que ele veio de uma descendência, representada pelo falo, por meio de Jesus, representado pela cruz?!

E de Maria Madalena também, como a *Última Ceia* nos revela. E, se observarem a comparação pretérita, perceberão pelo esboço que a posição da cruz na pintura foi extremamente calculada. O esboço também tem outra finalidade, além de revelar a relação cruz/falo, que é a de sugerir o **espelhamento do braço** por meio de sua posição, o que nos serviria para obtermos a letra L, achar a palavra-chave SALAI e, então, para a ligarmos com a *Última Ceia*, gerando daí a ideia de sucessão. Tudo está ligado a um quebra-cabeça complexo e engenhoso.

Agora sabemos que os esboços e as cópias podem nos revelar muitas coisas, já que eles foram feitos para ser os **estudos das pinturas**. E, por mais incrível que isso possa parecer, os ditos esboços e cópias também nos revelam a chave dos gestos *indicador/sorriso*. Como? É muito simples! O que vocês notam de diferente nos gestos desta outra comparação?

Bom, o Salai do desenho **não está sorrindo**. Está sério. Será que isso tem alguma coisa a ver com a posição dos braços? Sim, tudo a ver. Pois descobrimos que se deveria espelhar a pintura depois de termos examinado o desenho, ou seja, o simples ato de inverter o braço nos revelou a verdadeira informação. Isto significa que **o Salai da pintura sorri porque guarda o segredo, e o Salai do desenho não sorri porque o revela**. Sendo assim, quando aparece o sorriso enigmático nas obras de Leonardo, é para nos dizer que existe um... segredo! Por que acham que Leonardo foi o único que usou a artimanha do sorriso? É como se ele quisesse nos dizer com esta expressão que: "**AQUI HÁ UMA CHARADA!**"

Dito de outro modo, o sorriso parece mesmo dizer ao espectador: resolva essa CHARADA! Mas e quanto ao indicador estendido? Vejam esta nova comparação e se atenham à diferença entre os dois personagens:

Nada ainda? Porém, como espelhamos a primeira pintura para descobrir uma informação, vamos espelhar as duas juntas agora. Como elas são idênticas, algo deverá surgir na segunda também.

A mão da primeira figura parece formar com os dedos polegar e anelar um círculo, e, com o indicador em riste, lembra um número agora, o 6. E o gesto da anunciação, com o fato de que Salai aponta para si com uma mão e para a cruz com a outra para indicar sua descendência, só vem corroborar que o indicador significa mesmo o **anúncio de um nascimento**.

Como ficou claro na parte em que discutíamos sobre os 12 apóstolos, o número **6 representa o nascimento**, tanto físico quanto espiritual. E a anunciação do arcanjo não era sobre um nascimento? Então, faz sentido que esse gesto se refira às duas coisas ao mesmo tempo, já que estão interligadas. Agora nos resta saber se esse 6 também fará sentido nas outras obras, principalmente nas que contêm a palavra-chave SALAI, o que nos força a ir para a próxima, o Baco.

Em Baco, assim como no quadro anterior, Salai também aponta para duas direções. Uma nós já vimos que foi aquela que nos indicou a letra I, apesar de ela também ter outra finalidade, mas a direção que nos interessa agora é a que ele aponta para baixo. Interessante é a maneira como ele está apontando nessa posição, com a mão da pintura anterior, já que ambas são similares, formam algo assim:

Ou assim: Ou assim:

Que é o mesmo que:

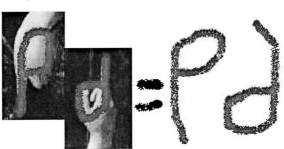

Isso parece ser o *Signo de Câncer*. E o engraçado é que esse símbolo nos dá mais uma conexão interessante entre esses quadros e a *Última Ceia*, pois, como falei antes, existem fortes indícios de que cada apóstolo da Santa Ceia foi pintado representando os signos zodiacais. E adivinhe só qual o signo que Salai, que é o apóstolo Felipe, representa lá? **O de Câncer!** Mas isso não para por aí não. Se espelharmos o Baco, como fizemos com as outras, obteremos o número 9, que por si só vai ter um grande significado logo mais. E se o invertermos, pois **obviamente o 9 é o inverso do 6**, obteremos, assim, o **outro número 6**. Confiram:

Mas por que Leonardo inverteu o número 6 no Baco? Ele fez isso intencionalmente, porque o personagem precisava mesmo apontar para baixo, assim como precisava apontar para a vara com a outra mão. Mas o motivo não saberão agora. Além do mais, não importa a direção que a mão esteja apontando. Já vimos que o indicador estendido significa **o número 6 e a anunciação**. E, como já temos dois 6, vamos agora para a Santa Ceia. Lembram-se daquele outro apóstolo, o Tomé, com o indicador em riste que vimos que ia ser muito importante?

Pois é ele mesmo quem nos dá o **próximo 6**. E não é só! Ao lado dele, o apóstolo Tiago aparece com a mão aberta, **mostrando os 5 dedos**, justamente para reforçar o 6, pois obviamente esse número é a soma dos dedos com o indicador em riste. **Essa foi outra alusão que Leonardo colocou em suas obras.** Bom, são três 6 até agora. E na Gioconda? Lá não tem não! Porém, nela tem a prova da conexão entre os três 6, ou... **666!**

Cinco letras, quatro obras. Foi assim que obtivemos a palavra-chave SALAI. E esta palavra agora nos levou para o **temido 666**. Por quê? Será que esta palavra está ligada ao famigerado "**Número da Besta**"?

"Aqui há sabedoria. Aquele que tem entendimento, calcule o número da besta; porque é o número de um homem, e o seu número é 666..."

(Apocalipse 13:18)

Lembram-se de quando vimos que, depois de algum tempo, Leonardo passou a se referir a Giacomo como Salai? E o que Salai significa mesmo?

Diabinho...

Então, se esse nome estiver mesmo ligado àquele número, já que **um levou ao outro**, uma coincidência surpreendente surge ao igualarmos os dois. Como o nome Salai está relacionado ao diabo e, segundo a crença popular, o número 666 também está relacionado ao diabo, temos, então, que:

SALAI é igual a 666:

Mas o que Salai tem a ver com o diabo, a não ser o nome? Com o diabo nada, pois não é essa a conotação do número 666 em suas obras.

E o que o 666 significa, então? Bom, como Leonardo escondeu mensagens importantes nas suas obras, é claro que ele fez isso de um modo que só as pessoas que interessassem a ele as compreendessem, ou seja, ele utilizou uma **linguagem hermética**, como os alquimistas fizeram no passado. Por isso é que ele colocou charadas em formas de sorrisos, ambiguidades e confusão de personagens. Veja o caso do Salai andrógino no João Batista, no Baco e no que as pessoas pensam ser a Mona Lisa. Foram todas enganadas pensando ser uma coisa, mas na verdade eram outra, pois elas só notaram incoerências e erros. E a verdade é que Leonardo se tornou um mestre nisso de colocar duas mensagens numa só. Porém, tendo-se a chave certa, todas as obras se explicam por si mesmas, ficam coerentes e, melhor ainda, todas se encaixam perfeitamente. Foi um trabalho maravilhoso!

Quanto ao 666, é a mesma coisa. Leonardo assume aí a sua linguagem hermética, os seus conhecimentos aguçados. Pois o 666 nada mais é do que a soma $6 + 6 + 6 = 18$; e $1 + 8 = 9$. E é o **número 9 que interessa!** Não é simples? É como a Bíblia nos manda fazer: temos que CALCULAR o número da besta, ou seja, somar as suas partes.

Mas é só isso? Tão simples assim? Às vezes as coisas mais simples podem ser as mais complexas e as mais difíceis de serem encontradas, como bem sabem os ilusionistas e os charadistas. Para descobrir certas coisas, é preciso ter a ingenuidade de uma criança, pois não dizem que os olhos delas são os olhos da verdade? Infelizmente, nós crescemos e perdemos essa ingenuidade. Perdemos a capacidade de ver a beleza do mundo, a verdade por trás das coisas. Deixamos de ser crianças para nos tornarmos seres difíceis cujas brincadeiras consistem em complicar demais as coisas. É por isso que ninguém nunca associou que o número 666 é um simples número, o 9. Todos querem coisas complexas, explicações mirabolantes. Já encontraram o 666 em centenas de nomes, e isso nunca parará, porque a mentira não é óbvia como $2 + 2 = 4$. Vejam o caso do Salai, estava bem debaixo do nariz de todos! Mas preferimos explicações malucas num Leonardo pederasta, pedófilo. E, de fato, a maioria das histórias e biografias de Leonardo apresenta Salai sempre como um pervertido ou um inimigo, e por aí vai...

Quanto ao 9, ele representa o **número mais simbólico de todos**. Mas, antes de analisar o seu grandioso simbolismo, vamos vê-lo também na Gioconda. Se Leonardo usou dedos e mãos para representar números, talvez a prova da **conexão 666** esteja nas mãos sobrepostas da figura. Vocês por acaso já contaram quantos dedos existem nelas no total?

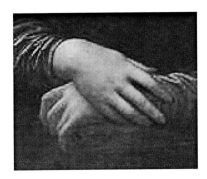

Nove dedos! Então, assim como nas três outras pinturas obtivemos o 666, nesta, que é **a síntese de todas as outras**, porque Leonardo nunca parou de trabalhar nela, é que encontraremos o 9, como era de se esperar, afinal 6 + 6 + 6 = 9. E é este número que nos permitirá decifrar esta pintura que tem fascinado tanto a humanidade. É nesse número que está a chave para entendermos o sorriso mais famoso e enigmático de todos os tempos. É ele que nos responderá por que Salai está representado como andrógino. E isso tudo é tão belo que só conseguimos chegar até aqui depois de termos descoberto a palavra-chave em **cinco letras e quatro pinturas**: 5 + 4 = 9.

Leonardo calculava tudo o que fazia! Tudo tinha que ter um propósito bem definido. Não é à toa que ele demorava tanto quando trabalhava nas suas obras. Também não é à toa que ele levou a Gioconda, o Baco e o João Batista para a França, e essas obras ficaram com ele até o seu último suspiro. E só não levou a Última Ceia porque ela fora pintada numa parede, apesar de o Rei Luís XII, o que invadiu Milão na época do cavalo, ter cogitado a proeza de destacá-la da parede e levar para a França para tê-la perto de si. Ainda bem que ele nunca chegou a tentar isso.

De todo modo, fixem-se bem naquela mão aberta do apóstolo Tiago. Essa alusão ao número 6 **sempre aparece nas obras de Leonardo que contêm o indicador estendido**, como na *Virgem do Fuso*, na *Virgem das Rochas* e na *Adoração dos Magos*. Nelas também há um personagem que mostra uma mão aberta ao lado do personagem que faz o gesto da anunciação, e isto não pode ser uma mera coincidência. Por isso é que no João Batista e no Baco não existe essa mão aberta, pois neles há apenas um único personagem.

Indícios

Para aqueles que não concordam com tudo o que foi dito até o momento, ou que não foram capazes de enxergar as pistas ainda: saibam que análises feitas na Gioconda do Louvre revelaram estranhas **LETRAS e NÚMEROS** escondidos na pintura (exatamente como estamos descobrindo aqui!).

As letras ocultas foram encontradas nos olhos da Gioconda, e são um S e um L, cada uma num olho. Os pesquisadores não souberam definir bem o que eram, mas é bastante óbvio que S e L são as **únicas consoantes de SaLai**, que é a identidade real do famoso quadro do Louvre. Quanto ao número, este foi achado na ponte:

E seu valor é 72! Ora, **7 + 2 = 9**, e já vimos que 9 é o número oculto da pintura!

Outro forte indício está na "Mona Lisa" do Prado, que é uma obra que foi recentemente achada:

Surpreendentemente: no canto inferior esquerdo da pintura, escancara-se, nitidamente, a **assinatura "666"**!

(Recordam-se de que a Gioconda contém o 666? Ela é a síntese dos três 6! Ela é o 9!)

Todos esses achados **batem perfeitamente com tudo o que estamos analisando**, e olhe que tais estudos foram registrados muito antes dessas descobertas, o que só veio **corroborar ainda mais minhas afirmações**!

O Número Mágico

9 é o número do Iniciado!

Quando alguém ingressa numa determinada Ordem Secreta, primeiro deve passar por um ritual de iniciação. Isso simboliza que o ingressante deixou o mundo profano, que é o mundo das trevas, para RENASCER no mundo da sabedoria, que é o da luz. No entanto, ele ainda não é um Iniciado, senão um neófito, ou aprendiz. À medida que vai talhando a pedra bruta e finalmente tiver conseguido um resultado satisfatório, aí sim ele vai passar por mais um ritual de iniciação para finalmente ser um Iniciado, ou seja, ele RENASCERÁ outra vez. Em outras palavras, o neófito ressuscitará. E, como sabemos que o número 6 representa o nascimento físico ou espiritual, o profano, que já tinha um 6, receberá mais outro ao se tornar Aprendiz (Neófito), pois renasceu, e, mais tarde, ao se tornar um Iniciado (Mestre), receberá o último 6, obtendo, então, a luz da verdade após ter renascido pela última vez. Por isso é chamado de *Número do Iniciado*, que é o homem que conquistou o 666, o 9, pois já vimos que ele é a soma 6 + 6 + 6. E 9 é o número filosófico. **A essência das essências.**

Há uma propriedade do número 9 que pode ser facilmente demonstrada matematicamente para elucidar o que falei: 9 pode ser obtido pelo 6, se somarmos ou multiplicarmos este último por ele mesmo três vezes.

$$6 + 6 + 6 = 18; 1 + 8 = 9$$
$$6 \times 6 \times 6 = 216; 2 + 1 + 6 = 9$$

Todavia, o 6 nunca poderá ser obtido do 9 pelo mesmo processo, ou seja, isso é o mesmo que dizer que um homem comum pode se tornar um

Iniciado, mas um **Iniciado nunca poderá se tornar um homem comum**. É um caminho que não tem volta. E essa bela propriedade de que com o 9 nunca se poderá obter o 6 por meio da soma e da multiplicação POR ELE MESMO, pois 9 é o único número que SEMPRE GERA A SI MESMO, é o que nos levará para seu significado mais filosófico. Isso será necessário para se compreender realmente a obra de Leonardo.

Expressando a multiplicação 9 × 9, 9 x 9 x 9, 9 x 9 x 9 x 9..., como 9 × 1, 9 × 2, 9 × 3, e assim por diante, sempre obteremos o 9, caso somemos os dígitos do resultado, não importa quantas vezes o multiplicarmos por ele mesmo.

$$9 \times 1 = 9$$

$$9 \times 2 = 18; 1 + 8 = 9$$

$$9 \times 3 = 27; 2 + 7 = 9$$

$$9 \times 4 = 36; 3 + 6 = 9$$

$$...$$

$$9 \times 9 = 81; 8 + 1 = 9$$

Com a soma, obviamente, é a mesma coisa. Outra propriedade interessante que demonstra ainda mais a força geradora do 9 é o seu Quadrado Mágico correspondente, que é o de 9 linhas e 9 colunas, em que o resultado das somas dos dígitos de cada casa produz um quadrado **positivo** e outro **negativo**.

Quadrados Mágicos são aqueles formados por números inteiros distintos em que a soma dos algarismos das diagonais, colunas e linhas leva a um mesmo resultado. Tudo o que será apresentado neste estudo **é válido para todos os Quadrados Mágicos Verdadeiros**, ou seja, aqueles que seguem todas as propriedades citadas anteriormente.

O conceito de simetria utilizado por mim, quando me refiro às casas do quadrado mágico, é de um tipo espelhado, invertido, similar a como se encontram as letras iguais no quadrado Sator, portanto evitem fazer confusões.

Quadrados Mágicos são aqueles em que a soma dos algarismos de suas diagonais, colunas e linhas leva a um mesmo resultado, que é um número chamado de **constante** ou **número planetário**.

Consideremos o seguinte Quadrado Mágico do tipo 9 × 9:

```
37 78 29 70 21 62 13 54 05
06 38 79 30 71 22 63 14 46
47 07 39 80 31 72 23 55 15
16 48 08 40 81 32 64 24 56
57 17 49 09 41 73 33 65 25
26 58 18 50 01 42 74 34 66
67 27 59 10 51 02 43 75 35
36 68 19 60 11 52 03 44 76
77 28 69 20 61 12 53 04 45
```

Vamos analisar primeiro as suas propriedades básicas:
— A constante ou número planetário é 369;
— O número central é o 41.

Um exemplo de quadrado formado por letras que lembra muito a estrutura dos Quadrados Mágicos é o famoso e enigmático **Quadrado Sator**.

S	A	T	O	R
A	R	E	P	O
T	E	N	E	T
O	P	E	R	A
R	O	T	A	S

Uma característica muito interessante do Sator é que todas as casas simetricamente opostas possuem exatamente as mesmas letras, o que torna possível ler a frase SATOR AREPO TENET OPERA ROTAS do mesmo modo tanto da esquerda para a direita como da direita para a esquerda, ou de cima para baixo e de baixo para cima. Daí o fato de o Sator ser um famoso exemplo de **palíndromo**. Aliás, a própria frase SATOR AREPO TENET OPERA ROTAS já é em si um palíndromo.

Mas será que existe uma relação mais profunda entre os Quadrados Mágicos e o Quadrado Sator além de meras aparências estruturais? Se a resposta for sim, o segredo não poderia estar no importante fato de o Sator ser um palíndromo? Como assim?

Bom, como no caso das letras iguais do Sator, as casas simetricamente opostas do quadrado 9 × 9, não importam quais sejam elas, se somadas entre si, **resultam sempre no número 82**. Por exemplo:

37	78	29	70	21	62	13	54	05
06	38	79	30	71	22	63	14	46
47	07	39	80	31	72	23	55	15
16	48	08	40	81	32	64	24	56
57	17	49	09	41	73	33	65	25
26	58	18	50	01	42	74	34	66
67	27	59	10	51	02	43	75	35
36	68	19	60	11	52	03	44	76
77	28	69	20	61	12	53	04	45

As casas simetricamente opostas marcadas com as mesmas cores, se somadas entre si, dão sempre o resultado 82.

Quanto à casa central, que é simétrica a si mesma, ao ser somada com ela mesma, dá 41 + 41 = 82 também. Isso significa que já há indícios de que o Quadrado Mágico 9 x 9 possui característica de simetria que lembra muito o Quadrado Sator.

Vamos mais fundo agora. Vamos penetrar numa outra realidade, afinal de contas, se o quadrado é chamado de mágico, façamos uma **mágica** então. Olhem bem para ele de novo:

37	78	29	70	21	62	13	54	05
06	38	79	30	71	22	63	14	46
47	07	39	80	31	72	23	55	15
16	48	08	40	81	32	64	24	56
57	17	49	09	41	73	33	65	25
26	58	18	50	01	42	74	34	66
67	27	59	10	51	02	43	75	35
36	68	19	60	11	52	03	44	76
77	28	69	20	61	12	53	04	45

A mente acredita no que os olhos veem, não é mesmo? Mas, para se revolver um enigma, precisamos sair do lugar-comum e enxergar as coisas de um modo bastante diferente dos padrões estabelecidos. O que será que está escondido nesse quadrado? Quais os seus segredos? Eu pedi para fazer uma mágica, não é mesmo? Então que tal a Cabala?

Talvez vocês nunca tenham ouvido falar de uma adição chamada **Soma Cabalística**, que chamarei de SC daqui por diante. Talvez também nunca tenham se inteirado de algum dos métodos que os numerólogos usam, mas garanto que muitos já experimentaram somar os dígitos da data de aniversário até que sobrasse um único só para verem que resultado daria. Esse procedimento é chamado de SC. Por exemplo, a SC de 1234 é 1, pois $1 + 2 + 3 + 4 = 10$; e $1 + 0 = 1$.

Vamos então olhar com olhos mágicos para o quadrado 9×9 e descobrir o que ele nos oculta:

```
37 78 29 70 21 62 13 54 05
06 38 79 30 71 22 63 14 46
47 07 39 80 31 72 23 55 15
16 48 08 40 81 32 64 24 56
57 17 49 09 41 73 33 65 25
26 58 18 50 01 42 74 34 66
67 27 59 10 51 02 43 75 35
36 68 19 60 11 52 03 44 76
77 28 69 20 61 12 53 04 45
```

Ora, se aplicarmos a SC em todas as casas, o novo quadrado que surge diante de nossos olhos será este aqui:

```
1 6 2 7 3 8 4 9 5
6 2 7 3 8 4 9 5 1
2 7 3 8 4 9 5 1 6
7 3 8 4 9 5 1 6 2
3 8 4 9 5 1 6 2 7
8 4 9 5 1 6 2 7 3
4 9 5 1 6 2 7 3 8
9 5 1 6 2 7 3 8 4
5 1 6 2 7 3 8 4 9
```

Uma obviedade intrigante que surge são as interessantes sequências numéricas em todo lugar desse quadrado. É um bom divertimento vocês mesmos tentarem descobri-las, mas o mais importante agora é analisar as propriedades desse novo quadrado:

— O elemento central é o número 5. No quadrado original, era 41, mas a SC de 41 é 5, portanto existe aí uma correspondência;

— A constante ou número planetário desse quadrado é 45, cuja SC é 9. No quadrado original, a constante era 369 e sua SC resulta em 9 também. De novo, outra correspondência;

— No quadrado original, a soma das casas opostamente simétricas entre si dá 82. A SC de 82 é 1. No novo quadrado também acontece a mesma coisa, é só somarem para ver que a SC das casas simétricas também dá 1.

Tendo ainda o Sator como guia, todas as casas simetricamente opostas serão analisadas agora. Por exemplo, as casas que formam cruzes ao redor do elemento central:

```
1 6 2 7 3 8 4 9 5
6 2 7 3 8 4 9 5 1
2 7 3 8 4 9 5 1 6
7 3 8 4 9 5 1 6 2
3 8 4 9 5 1 6 2 7
8 4 9 5 1 6 2 7 3
4 9 5 1 6 2 7 3 8
9 5 1 6 2 7 3 8 4
5 1 6 2 7 3 8 4 9
```

A cruz vermelha mostra que ao 9 se corresponde o 1; a cruz verde, que ao 4 se corresponde o 6; a cruz azul, que ao 8 se corresponde o 2; e a cruz amarela, que ao 3 se corresponde o 7.

De toda essa análise, o que surge é a seguinte relação: 9-1 / 8-2 / 7-3 / 4-6.

Ao 5 se corresponde o 5 mesmo, pois ele é simetricamente oposto a si mesmo.

E não é só isso. Em qualquer casa simetricamente oposta, a mesma relação aparece, ou seja: onde tiver um 9, na outra terá o 1; onde tiver um 7, na outra terá o 3; e assim por diante.

Resumindo, o que acontecerá é isto:

9-1 / 8-2 / 7-3 / 6-4 / 5-5 / 4-6 / 3-7 / 2-8 / 1-9

Perceberam o **espelhamento**? Pois aí foi formada uma sequência que pode ser lida da mesma maneira, tanto de frente para trás quanto de trás para frente. Os números em vermelho podem ser lidos da esquerda para a direita como 987654321; e os de preto são lidos do mesmo modo como 123456789. Outra vez surgiu o indício de palíndromo, que nesse caso é a sequência formada pela relação entre as casas simétricas.

E o interessante é que, se aplicarmos a SC em cada par, 9-1, 8-2, 7-3, 6-4, 5-5 etc., o resultado é: 1, 1, 1, 1, 1...

Claro, pois a SC das casas simétricas desse quadrado e a do original é 1, não é mesmo? Devido a tais semelhanças, chamarei então esse quadrado de **POSITIVO**.

Que tal uma simples experiência de substituição agora? O que aconteceria se, onde tiver 9, colocarmos 1; onde tiver 8, colocarmos 2; onde tiver 7, colocarmos 3; e assim por diante? Vamos fazer isso? Vejam só o que acontece:

$$
\begin{array}{ccccccccc}
9 & 4 & 8 & 3 & 7 & 2 & 6 & 1 & 5 \\
4 & 8 & 3 & 7 & 2 & 6 & 1 & 5 & 9 \\
8 & 3 & 7 & 2 & 6 & 1 & 5 & 9 & 4 \\
3 & 7 & 2 & 6 & 1 & 5 & 9 & 4 & 8 \\
7 & 2 & 6 & 1 & 5 & 9 & 4 & 8 & 3 \\
2 & 6 & 1 & 5 & 9 & 4 & 8 & 3 & 7 \\
6 & 1 & 5 & 9 & 4 & 8 & 3 & 7 & 2 \\
1 & 5 & 9 & 4 & 8 & 3 & 7 & 2 & 6 \\
5 & 9 & 4 & 8 & 3 & 7 & 2 & 6 & 1 \\
\end{array}
$$

O que surge é um novo quadrado com as mesmas características e propriedades, ou seja, **as mesmas sequências interessantes, a mesma constante e o mesmo elemento central**. Devido a isso, o nomearei de **NEGATIVO**. E tem mais. O indício mais revelador é que o **quadrado negativo é um palíndromo exato do quadrado positivo**! Confiram!

Assim como no Sator, pode-se ler os dois quadrados do mesmo modo tanto da direita para a esquerda como da esquerda para a direita, ou de cima para baixo e de baixo para cima.

O positivo começa com 16273 e termina com 73849. O negativo começa com 94837 e termina com 37261, ou seja:

16273 // 37261... 73849 // 94837

É fácil perceber o que aconteceria, se uma operação matricial de adição fosse feita entre os quadrados positivo e o negativo gerados pelo 9 × 9, pois obviamente vimos que só pode ser este o resultado:

$$\begin{array}{ccccccccc} 1 & 1 & 1 & 1 & 1 & 1 & 1 & 1 & 1 \\ 1 & 1 & 1 & 1 & 1 & 1 & 1 & 1 & 1 \\ 1 & 1 & 1 & 1 & 1 & 1 & 1 & 1 & 1 \\ 1 & 1 & 1 & 1 & 1 & 1 & 1 & 1 & 1 \\ 1 & 1 & 1 & 1 & 1 & 1 & 1 & 1 & 1 \\ 1 & 1 & 1 & 1 & 1 & 1 & 1 & 1 & 1 \\ 1 & 1 & 1 & 1 & 1 & 1 & 1 & 1 & 1 \\ 1 & 1 & 1 & 1 & 1 & 1 & 1 & 1 & 1 \\ 1 & 1 & 1 & 1 & 1 & 1 & 1 & 1 & 1 \end{array}$$

Conclusão:

Do quadrado 9 × 9 original se obtém um que foi chamado de positivo, cujo palíndromo é o negativo. Precisa dizer mais alguma coisa? Se fizermos o processo inverso no negativo, ou seja, reconverter cada dígito formado pela SC em seus dígitos originais, precisa demonstrar no que vai dar?

Ora, está na cara que o resultado será o Quadrado Mágico 9 × 9 que nada mais é do que o **palíndromo do quadrado original**, e o melhor é que suas propriedades não se alteram. A constante é 369, o elemento central é 41 e a soma das casas simétricas é 82. Confiram:

37 78 29 70 21 62 13 54 05	45 04 53 12 61 20 69 28 77
06 38 79 30 71 22 63 14 46	76 44 03 52 11 60 19 68 36
47 07 39 80 31 72 23 55 15	35 75 43 02 51 10 59 27 67
16 48 08 40 81 32 64 24 56	66 34 74 42 01 50 18 58 26
57 17 49 09 41 73 33 65 25	25 65 33 73 41 09 49 17 57
26 58 18 50 01 42 74 34 66	56 24 64 32 81 40 08 48 16
67 27 59 10 51 02 43 75 35	15 55 23 72 31 80 39 07 47
36 68 19 60 11 52 03 44 76	46 14 63 22 71 30 79 38 06
77 28 69 20 61 12 53 04 45	05 54 13 62 21 70 29 78 37

Assim como no Sator, é possível ler esses dois Quadrados Mágicos da mesma forma, tanto horizontal como verticalmente, pois foi demonstrado, por meio de um argumento lógico, como obter um algoritmo que converte um quadrado mágico no seu palíndromo sem que se alterem suas propriedades. Finalmente ficou estabelecida, mediante raciocínio matemático, uma relação inequívoca entre o Quadrado Sator e o Quadrado Mágico 9 × 9 que antes estava oculta.

E não é só com o 9 × 9 que há essa relação inequívoca, pois cabe falar aqui que tudo que foi visto funciona para qualquer Quadrado Mágico, seja ele 3 × 3, seja 4 × 4, 5 × 5... ou 8 × 8. Isso quer dizer que **todo Quadrado Mágico gera um quadrado positivo e um negativo, e como consequência todo Quadrado Mágico possui o seu palíndromo correspondente.**

Se extrairmos um sentido filosófico dessa dicotomia e analisarmos certas formas de conhecimento esotérico, como a Gnose e a Alquimia, veremos que a dicotomia positivo/negativo provém da UNIDADE. Para os místicos, a verdadeira sabedoria consistia em **conciliar os opostos e voltar à unidade original.** É a chamada **Transmutação.** Seguindo essa analogia, se somarmos matricialmente os quadrados POSITIVO e NEGATIVO e considerarmos somente os resultados da adição dos dígitos de cada casa, o Quadrado Mágico resultante será o UNITÁRIO, composto apenas do algarismo 1 em todas as casas. Como os alquimistas falaram, a unidade foi obtida graças à união dos opostos. E ainda tem mais!

No 9 estão englobados todos os números naturais, pois a soma total da série 1 + 2 + 3 + 4 + 5 + 6 + 7 + 8 + 9 é igual a 9. E, se multiplicarmos 12345679 pelos múltiplos de 9, teremos as séries de todos os números naturais, como consta nesta tabela:

12345679 x 9 (9 × 1) = 111111111
12345679 x 18 (9 × 2) = 222222222
12345679 x 27 (9 × 3) = 333333333
12345679 x 36 (9 × 4) = 444444444
12345679 x 45 (9 × 5) = 555555555
12345679 x 54 (9 × 6) = 666666666
12345679 x 63 (9 × 7) = 777777777
12345679 x 72 (9 × 8) = 888888888
12345679 x 81 (9 × 9) = 999999999

Continuando, a série dos múltiplos de 9 é palíndroma, ou seja, ela pode ser lida da mesma maneira, se for espelhada:

$$18 - 27 - 36 - 45 - 54 - 63 - 72 - 81$$

(POSITIVO = NEGATIVO)

E, para terminar, vamos à propriedade do número 9 que é a mais importante.

1º Passo.   Escolhemos um número qualquer, e o tamanho não importa;

2º Passo.   Espelhamos esse número para que se obtenha o seu palíndromo;

3º Passo.   Subtraímos o número maior pelo menor;

4º Passo.   Finalmente, aplicamos a soma total sobre o resultado, que resultará sempre em 9.

Exemplos:

— (1º Passo) 428; (2º Passo) 824; (3º Passo) 824 – 428 = 396; (4º Passo) SC de 396 = 9;

— (1º Passo) 1245; (2º Passo) 5421; (3º Passo) 5421 – 1245 = 4176; (4º Passo) SC de 4176 = 9;

— (1º Passo) 74; (2º Passo) 47; (3º Passo) 74 – 47 = 27; (4º Passo) SC de 27 = 9.

Enfim, não importa qual o número escolhamos. A diferença dele com o seu "espelhado" sempre terá como resultado o número 9.

Mas, no caso de esse número ter três algarismos, vale citar aqui uma curiosidade. O resultado da diferença dele com seu palíndromo, antes de aplicar a soma total, sempre terá o 9 no centro e a soma de seus extremos sempre dará 9 também, como se pode verificar no primeiro exemplo, que é 396. Bom, parece que estamos diante de mais uma conexão entre o 9 e a unidade. Pois, se no Quadrado Mágico 9 × 9 obtemos o 1 pela adição dos opostos, agora temos o 9 pela subtração deles. Adição/subtração, macho/fêmea, positivo/negativo, trevas/luz, tudo está relacionado ao 9 e ao 1. E não vimos que a relação 1/9 existia de fato no Quadrado Mágico 9 × 9? E essa relação não poderia ser mais bela: 1 é o primeiro algarismo, 9 é o último; 1 é o princípio, 9 é o fim. Juntos, são como Alfa e Ômega, origem de tudo o que existe no universo, segundo os ocultistas. Tudo é expresso por meio da relação dos 9 números naturais, como os pitagóricos bem sabiam. E 9 é o único número que, somado à unidade, gera a unidade, ou seja, 9 + 1 = 10; 1 + 0 = 1.

9 é o número da transmutação. Transmutação essa que era o sonho e o objetivo de todo alquimista. Ele também pode representar, assim como o 6, o nascimento e geração. Mas, se o 6 representa o nascimento físico e espiritual, 9 representa o nascimento num sentido mais filosófico, profundo. Afinal, 9 e 6 não são o mesmo algarismo vistos de uma perspectiva diferente, ou seja, invertidos? Só podemos nascer pelo 9 após nascermos pelo 6 três vezes, assim como a **transmutação alquímica ocorre após as três etapas principais.** Aí sim voltaremos à unidade. Seremos iguais ao 1, ao UNO. Foi por isso que, na mitologia cristã, Jesus, que já tinha um 6, precisou ser batizado por João Batista, e não o contrário, como João queria, e depois precisou morrer na cruz para, então, RESSUSCITAR, ou seja, nascer pela terceira vez, pelo 9. Só assim ele retornaria à unidade primordial. É uma pena que as pessoas levem essas coisas ao pé da letra em vez de se aterem ao significado simbólico, que é a verdadeira mensagem. Isso tudo pode soar absurdo nos dias de hoje, mas essa era a crença dos antigos sábios. E, se quisermos descobrir os segredos deles, precisamos antes conhecer a linguagem da Alquimia, da Cabala, da Astrologia e da Mitologia, que eram os conhecimentos de que eles dispunham.

Quanto ao 666, a Igreja Católica deve tê-lo associado ao mal porque, para ela, o Iniciado, ou todos aqueles que participavam de ordens secretas, era a própria representação do Diabo, e todos os seres cultos conhecem o esforço que a Igreja despendeu para demonizar os ídolos pagãos, apropriando-se de seus rituais, e repetiu-o com os Gnósticos, os Cátaros, enfim, até os alquimistas sofreram essa injúria. Prova disso é o fato de que a Igreja escolheu o enxofre, que era um dos elementos principais para se realizar a transmutação alquímica, para ser o cheiro característico do Diabo. E o Iniciado, que, para a Igreja, seria alguém com poderes malignos similares ao de Jesus, com o seu número, acabou se transformando no símbolo-mor do mal, o Anticristo. O Iniciado é sim o oposto do homem, já que o 9 é o inverso do 6, mas não no sentido de que aquele foi criado à imagem e semelhança do Diabo, e sim porque ele é totalmente diferente do homem comum, pois procurou **unir as suas contradições** (POSITIVO + NEGATIVO).

Simão, o Mago, que a Bíblia coloca como sendo um rival de Jesus; e Apolônio de Tiana foram alguns que tiveram seus poderes associados ao mal. Enfim, é claro que existem outras propriedades desse número tão mágico, como a Prova dos Nove. Muitos ilusionistas utilizam as fantásticas propriedades "matemágicas" do 9 para fazer Mentalismo.

Concluindo, os antigos sábios tinham bastante respeito pelo número 9. Dante imortalizou isso na sua obra-prima, *A Divina Comédia*, ao escolhê--lo para representar os *Nove Círculos de Luz* e os *Nove Círculos de Trevas*. Os Cavaleiros Templários, que também foram vinculados ao mal pela ICAR, surgiram como **nove cavaleiros em 1099 e permaneceram como nove durante nove anos, além de terem escavado o Templo de Salomão durante nove anos**. Mas é claro que são lendas simbólicas...

Leonardo da Vinci também estava por dentro dessa simbologia? Sim! Todos os especialistas em Leonardo sabem que ele gostava de usar os opostos. Nos seus cadernos, surgem com frequência desenhos que enfatizam as forças contrárias da natureza. Isso o fascinava! Ele também era obcecado pelo jogo de luz e sombras e estudou tanto isso que revolucionou com sua técnica *Chiaroscuro*. Muito comum também são os desenhos de figuras contrastantes. Um deles, chamado *Alegoria do Prazer e da Dor*, mostra com clareza a sua fascinação pelos contrários. Vamos ver esse desenho com a explicação dada pelo próprio Leonardo:

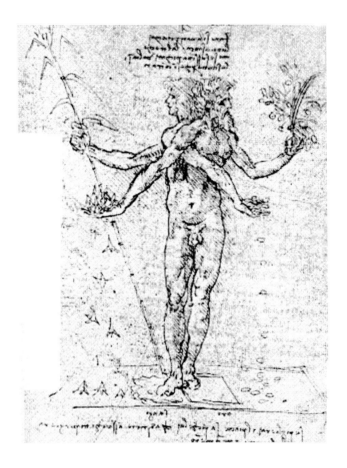

> *"O prazer e a dor são representados como gêmeos, como se unidos, pois um nunca existe sem o outro... Foram feitos com as costas voltadas um para o outro, por serem contrários um ao outro. Foram feitos saindo do mesmo tronco por terem um único fundamento, pois o fundamento do prazer é trabalho e dor, e os fundamentos da dor são prazeres inúteis e lascivos."*

Também não podemos esquecer que Leonardo sabia escrever tanto da esquerda para a direita quanto da direita para a esquerda, que é a sua famosa escrita espelhada, e outro tema que aparece bastante nos cadernos dele é sobre uns desenhos que apresentam a comparação entre um velho e um jovem. O mais famoso deles é um cujo modelo para o jovem foi ninguém menos que Salai. Vejam:

Leonardo era tão fascinado pela dicotomia feio/belo que costumava passar noitadas em tavernas examinando os tipos mais esquisitos. Às vezes, ele chegava a perseguir um tipo desses durante um dia inteiro, até anotava seus endereços! Como um ser curioso que era, ele não podia deixar de ter essa atração pelos opostos na natureza. E isso ele fez questão de frisar nos quadros que possuem a palavra-chave SALAI. Na *Última Ceia*, vimos a dicotomia nas cores das roupas de Jesus e Madalena. Em *João Batista*, ele colocou a cruz no alto para que a figura pudesse apontar para cima, enquanto no Baco, que é similar, a figura aponta para baixo. E, se espelharmos as duas, nós vimos que ambas formam com suas mãos os números 6 e 9. Alto/baixo. "Assim na terra como no céu". "O que está em cima é como o que está embaixo". Essa é a filosofia-mor dos alquimistas e está inclusa na obra ápice da Alquimia, a que eles creditaram estar toda a síntese da sabedoria, a TÁBUA DA ESMERALDA, de Hermes Trismegistus.

"É verdade, correto e sem falsidade, que o que está em baixo, é como o que está em cima, para realizar os milagres de uma coisa só. Como todas as coisas derivam-se da Coisa Única, pela vontade Daquele que as criou, pelo poder de sua palavra, assim também tudo deve a sua existência a esta Unidade, pela ordem Natural criadora. O Sol é o seu pai, a Lua é a sua mãe, o vento o transporta em seu ventre, a terra é a sua nutriz. Este ente é o pai de todas as coisas do Mundo. Seu poder é imenso e perfeito. Separarás a terra do fogo, o sutil do denso, com muito cuidado e grande habilidade. Ela sobe da terra ao céu e de novo descerá à terra, deste modo recebe a força das coisas superiores e inferiores. Por este meio terás a glória de todo o mundo quaisquer trevas afastar-se-ão de ti. É a força forte de toda a força, pois vencerá toda a coisa sutil e penetrará toda a coisa sólida. Assim foi criado o universo. E, Disto surgem maravilhosas realizações, cujo meio está aqui. Por isso sou chamado Hermes Trismegistus, porque possuo poder sobre as três partes da sabedoria do mundo. O que eu disse da obra-mestra da Arte Alquímica, a Obra Solar, aqui está dito e encerrado. Tudo."

Eis uma pintura feita por um artista contemporâneo de Leonardo que representa Hermes Trismegistus com a Tábua da Esmeralda:

É impressionante a analogia que esse texto tem com o que vimos a respeito do número 9 e os opostos, e é nisso tudo que está a importância dos opostos na natureza. É do sábio manuseio deles que a ordem natural criadora de todas as mitologias da vida faz tudo surgir: tese e antítese geram a síntese, macho e fêmea geram a vida, trevas e luz geram sabedoria. Afinal, a vida humana não surge da união homem e mulher após nove meses? E, como Dante nos falou, é após descermos os nove círculos das trevas que teremos o direito de subir os nove círculos da luz para alcançarmos a verdade. Em outras palavras, segundo sistemas místico-filosó-ficos, precisamos moldar a pedra bruta que está dentro de nós, temos que construir o TEMPLO DE SALOMÃO, que somos nós, até conseguirmos a pedra perfeita, o templo perfeito, o TEMPLO DE SALOMÃO. Isso é o que os alquimistas chamaram de TRANSMUTAÇÃO. E a figura que eles usaram para representá-la foi a do ANDRÓGINO, e o seu número, obviamente, é o 9, antes conhecido (e disfarçado) como o temido 666!

Andrógino

O ANDRÓGINO representa o INICIADO, o que logrou a Transmutação, a união dos opostos. O ANDRÓGINO, que é macho/fêmea unidos, simboliza um **ser perfeito e sem contradições**, unidos num só com o UNO, fruto da verdadeira transmutação interior. Aí está o porquê de Leonardo ter pintado Salai como o Andrógino. Salai representou, para ele, o trabalho de uma vida. E, se for mesmo verdade que Salai era um legítimo descendente de Jesus e Maria Madalena, aquele que carregou o sangue real em suas "veias", a responsabilidade de Leonardo em criá-lo, educá-lo e protegê-lo deve ter sido enorme. Portanto, não me espanta que Salai fosse o escolhido para simbolizar o ANDRÓGINO, o verdadeiro Iniciado, numa pintura que todos conhecem erroneamente como Mona Lisa, além de outras. Como tudo em Leonardo, foi bem exótica a maneira como ele representou o Andrógino na Gioconda. Ela foi a sua versão do Andrógino, assim como todos os alquimistas tiveram suas versões do "hermafrodita alquímico". Vejam:

Como podemos ver, a solução de Leonardo foi mesmo elegante. Elegante e criativa!

A influência sobre o Andrógino de Leonardo pode ter vindo de Platão. Esse filósofo foi o grande herói de Florença naquela época. Rafael até o pintou em sua *Escola de Atenas* com o rosto de Leonardo. Além do mais, essa influência fica mais clara na obra de Platão chamada *O Banquete*, que é um diálogo sobre a origem dos sexos. Nela, os andróginos, que são os seres perfeitos, foram separados pelos deuses porque tinham ciúmes de seus poderes, e foi essa separação que deu origem ao homem e a mulher. É claro que se trata de uma alegoria sobre o ser perfeito. Mas o artista também se inspirou nos alquimistas, pois existem fortes indícios de que ele se valeu de referências alquímicas quando pintou a Gioconda. Ao lado de Salai, existem dois caminhos, um à direita e outro à esquerda. O da direita é o da letra S, que nós já vimos. O da esquerda é a ponte. Juntos, eles representam o que os alquimistas chamaram de AS DUAS VIAS, que são as únicas maneiras de levarem o neófito à Transmutação. Uma é a chamada VIA ÚMIDA, que está representada pelo S. A outra é a VIA SECA, que é a ponte. A VIA ÚMIDA é o caminho mais sábio, mais seguro, porém, mais demorado (o caminho úmido e sinuoso do S é mais longo do que a ponte). A VIA SECA é o caminho rápido, direto, contudo, mais arriscado. Por isso que é uma ponte, para reforçar que se pode ir direto, rápido e seco. Apesar do neófito ter o livre arbítrio para escolher, ambas o levam à mesma meta, que é se tornar um ser perfeito, um Iniciado, um Andrógino. E podemos ver na figura que ambas as vias levam ao Salai/Andrógino. Outra curiosidade é que Leonardo colocou o S na VIA ÚMIDA, pois ela é a escolha mais sábia. Quanto à ausência de pelos na face de Salai, foi uma artimanha criativa que Leonardo utilizou para **enfatizar ainda mais a androginia**.

    Mas podemos encontrar tais referências na vida de Leonardo também? Sim! Em seus cadernos de anotações, o artista se utilizou do vocabulário alquímico para codificar elementos de suas ligas secretas. Isso é fato! Também sabemos que a maioria dos Grão-Mestres da lista do Priorado de Sião foram eminentes alquimistas. Além do mais, não há dúvidas de que Leonardo conhecia bem a *Tábua da Esmeralda*, pois tanto esse texto quanto outros trabalhos de Hermes Trismegistus fizeram muito sucesso na época dele. Cosimo de Médici, avô de Lorenzo, foi o maior divulgador do Hermetismo na "Itália". Ele incumbiu a um dos maiores filósofos da Renascença, Marsílio Ficino, a missão de buscar e traduzir qualquer texto de Hermes que fosse encontrado, como o *Corpus Hermeticum*. Ficino também foi o diretor da Academia Platônica de Florença, fundada por Cosimo. Essa academia difundia o Neoplatonismo, filosofia essa que tinha muito a ver com o Hermetismo e com a Alquimia, já que todas elas davam ênfase ao contraste da realidade dual.

    Mas, para ser sincero, não tem como afirmar, com certeza, se Leonardo foi um alquimista praticante. O máximo que podemos aventar é que grandes adeptos da "arte negra" acharam que ele foi sim. Fulcanelli, o maior Adepto dos tempos modernos, disse que a Gioconda **representava a própria Alquimia**. E, ainda falando nesta obra, o ilustre Paracelso mandou fazer seu autorretrato baseado nela. Reparem nos detalhes dos dois retratos lado a lado:

A posição dos corpos é a mesma, as mãos sobrepostas também, ambos possuem um semblante esfíngico... E as mãos de Paracelso exibem apenas nove dedos também, além de ele estar situado entre as duas vias, com uma ponte simbolizando a via seca e **alinhada perfeitamente com a da Gioconda**, aliás.

E não é tudo! Vejam esta outra representação de Paracelso:

Reparem nos **quadrados mágicos** que se encontram ao lado dele. Um é o Quadrado Mágico 5, e o outro é o 4. Ou seja, 5 + 4 = 9. Eis outra referência ao **Quadrado Mágico 9 × 9**. Como vimos, essa figura representa como nenhuma outra os verdadeiros segredos da Alquimia. No entanto, devo ainda frisar: o fato de Leonardo ter se utilizado de simbologia alquímica nas suas obras não vai contra a sua investigação da natureza. Como disse antes, a Astrologia e a Alquimia ainda não eram vistas como pseudociências ou superstição, muito pelo contrário. Naquela época, pessoas como Leonardo eram chamadas de FILÓSOFOS NATURAIS. Em outras palavras, eram os estudiosos que queriam entender os segredos da natureza, da criação. Ainda não existia o termo CIENTISTA, que só foi surgir mais tarde, no Iluminismo.

Ao não "pré-conceito" dos mestres antigos, portanto, a CIÊNCIA MODERNA deve muito de seus avanços. Várias descobertas importantes, como os fenômenos celestes, as substâncias químicas, o laboratório de pesquisas, quem vem do termo LABOR + ORATORIO (trabalho + oração), tudo isso foi fruto de alquimistas e astrólogos que tentaram entender o mundo a nossa volta. Vejam o caso de Isaac Newton. Todos os estudiosos ficaram perplexos ao saberem que ele nutria uma paixão obsessiva pela "arte negra", e despendeu mais tempo estudando esoterismo do que física. O erro dos homens modernos é tentar analisar os antigos através da lupa imbuída de nossos conceitos e preconceitos.

Bom, agora temos mais duas ferramentas que nos ajudarão a fechar a obra leonardiana. Uma é a **ênfase nos opostos** e a outra é a **importância da androginia**. E quanto a Salai, já corroboramos que ele realmente foi uma pessoa de extrema importância. Mas e quanto a sua vida? Salai não foi considerado apenas um mero aprendiz, segundo a versão oficial? Por que ninguém notou essa importância?

Notaram sim, e até demais. Os próprios contemporâneos de Leonardo não entendiam aquela obsessão com o rapaz, que era tratado como um príncipe. E, nos cadernos de anotações, Salai é o nome que mais aparece. Contudo, o máximo que os especialistas puderam opinar é que eles eram amantes. E essa crença perdura até hoje, o que é um absurdo, pois sabe-se que Salai era mulherengo. Até se casou com uma mulher chamada Bianca. E há um relato bem esquisito que mostra que a preocupação de Leonardo ia além dessas especulações banais. Tal relato foi o que eu fiquei devendo na parte em que falava sobre Cesare Bórgia e ele consta nos escritos de Leonardo, na coleção chamada *Codex Romanov*. Eis o que o artista relata:

Vou encontrar-me com o meu Senhor Cesare e com Mestre Macchiavelli (Maquiavel) para aprofundar os meus conhecimentos acerca de venenos, que são insignificantes, dada a relutância de SALAI em colaborar comigo nas minhas experiências, desde que descobriu, e passou a resistir, que eu lhe introduzia doses crescentes de estricnina e beladona na sua polenta matinal, tendo passado a mostrar-se avesso a aceitar as minhas explicações, de que se tratava somente de aumentar a sua imunidade a essas substâncias, caso as mesmas lhe viessem a ser servidas por outras pessoas menos amigáveis – tendo em conta a reputação do pessoal doméstico do nosso bom anfitrião.

Por que será que Leonardo estava preocupado com o fato de que Salai pudesse ser envenenado? Claro que existia uma verdadeira paranoia na época quanto a envenenamentos. Até existia uma escola de envenenadores profissionais em Florença, e muitos patronos poderosos contratavam seus serviços. Cesare Bórgia também foi temido por causa disso. Mas Leonardo não parece desconfiar dele, até o chama de "bom anfitrião". Então, que motivos haveria por trás desse relato? Será que Salai ameaçava alguma pessoa "menos amigável" por causa de **algum segredo**? Salai foi para a França com Leonardo e mais tarde se casou com a jovem Bianca. Mas qual foi o seu destino? Como ele morreu?

Salai morreu em 1524, quase cinco anos após a morte de Leonardo. Foi uma morte bastante violenta! Morreu assassinado com um tiro de espingarda! Todavia, alguns dizem que foi com uma flechada. O motivo desse crime bárbaro nunca foi esclarecido, talvez nunca o seja. Mas o que importa agora é saber que esse rapaz foi mesmo de extrema importância para Messer Leonardo, senão não teria sido pintado daquela forma na Gioconda.

E, por falar nesta, um ano após a morte de Salai, alguns pesquisadores descobriram, por meio do inventário de seus bens, que ele era um **homem rico, de posses**, que incluía uma residência luxuosa e metade de um vinhedo que Leonardo ganhou de Ludovico Sforza ao pintar a *Última Ceia*, e que alguns cidadãos ilustres, **como os homens mais ricos de Milão, deviam dinheiro a ele**. Também descobriram que, entre seus pertences, constava a Gioconda, ou seja, **o quadro mais famoso do mundo, outrora pertencera a Salai**. Ele foi o seu legítimo herdeiro. Isso quer dizer que a obra foi mesmo feita para ele. E foi desse inventário que surgiu o nome Gioconda (que é uma palavra italiana e significa "**brincalhona**", pois nela está embutida uma **charada oculta**, o enigmático sorriso.) E tem mais! Com a Gioconda também estavam as **obras mais importantes de Leonardo da Vinci**, incluindo o João Batista (e todos os quadros que Salai recebeu de herança contêm o mesmo sorriso enigmático). Está na cara, não?! Por que alguém tido como um simples aprendiz ou um criado ficaria com algumas das pinturas mais famosas da história e de uma hora para outra aparece com posses, dinheiro e influência sobre pessoas importantes? **Percebem aí um paralelo com Bérenger Saunière?**

Tal fato intriga e perturba os historiadores. Alguns deles nem gostam de tocar no assunto. E não é por menos... Milhões de pessoas visitam todos os anos o Museu do Louvre só para ver a Gioconda e, quando ficam de frente a ela, pegam seus telemóveis e ligam para os pais dizendo: "Não vão acreditar, estou cara a cara com a Mona Lisa". Elas nem fazem ideia de que na realidade estão cara a cara com o "discípulo amado" de Leonardo, um **descendente de Jesus e Maria Madalena** representado como o Andrógino da Alquimia. Será que as pessoas estão preparadas para isso?

Então, que tal uma **prova concreta** que demonstra a nítida ligação entre Salai e Jesus Cristo, e não apenas alusões? Como esta:

Aí está, o próprio **Salai representado como Jesus Cristo**. Segundo consta, essa pintura foi feita por ele mesmo no ano de 1511, um ano após Leonardo ter sido nomeado Grão-Mestre do Priorado de Sião, e ela é conhecida como *Cabeça de Cristo*. Percebe-se na pintura que as vestes são as mesmas das de Jesus na *Última Ceia*. Idênticas! Contudo, o mais estranho é o que há por trás de sua cabeça. Em vez de uma cruz, como nas pinturas antigas de Jesus, há três FLORES-DE-LIS, que simbolizavam o **Reino da França ou o próprio rei francês**! Porém, ela também representa o **distintivo oficial do Priorado de Sião**. Coincidência? Além do mais, a cruz com as três flores-de-lis é chamada de CRUZ FLORENCIADA e ela foi **usada como símbolo pelos Cavaleiros Templários**. O uso dessa cruz chega quase a ser uma exclusividade deles! E, novamente, temos aqui uma conexão entre o Priorado de Sião e a Ordem dos Cavaleiros Templários...

Mas que tal esta outra pintura?!

Esta obra foi pintada por Giampietrino, um discípulo direto de Leonardo que trabalhou em seu ateliê com Salai, e ela é bem simbólica, pois Salai faz com sua mão direita aquele mesmo gesto que parece representar o esquadro/compasso da Maçonaria, como a mão do anjo que aponta na *Virgem das Rochas*. Além disso, ficou evidente que ela também é um 6 espelhado. Agora, quanto à mão esquerda, ela simplesmente segura um TRIÂNGULO, que é um símbolo ímpar na Maçonaria, na Alquimia e até no Catolicismo, pois tal figura geométrica simboliza ao mesmo tempo a Trindade, o Mercúrio/Enxofre/Sal, que é a tríade alquímica indispensável para se realizar a Transmutação, e, finalmente, o 6/6/6, que é o 9.

Enfim, todas elas falam a mesma coisa, que **Salai é o Andrógino**, o Iniciado, o ser perfeito e divino que possui a descendência real de Jesus. De fato, Salai está vestido com a capa escarlate dos reis e age aqui como havia feito em João Batista. Ele mostra o triângulo e aponta a si para indicar a sua linhagem sagrada. Querem ver a prova disso? Então reparem no decote da veste de Salai:

O gesto da anunciação ou a mão maçônica está de frente a ele, e não é por menos. Como ele lembra a forma da letra V, está ali para simbolizar o cálice sagrado, o Santo Graal, que é o Sangue Real, o sangue dos legítimos herdeiros de Jesus e, por que não, também do trono francês. E esse cálice está cheio de sangue. O sangue da linhagem sagrada, pois a cor da veste interna lembra mesmo o sangue. E o jeito como Giampietrino pintou a mão de Salai foi para indicar que ela também está apontando para o cálice, como se quisesse mostrá-lo para nós

Quer dizer então que Giampietrino também conhecia o segredo? Com certeza, senão vejamos mais duas obras que ele pintou. A primeira é uma cópia muito reveladora da *Última Ceia*:

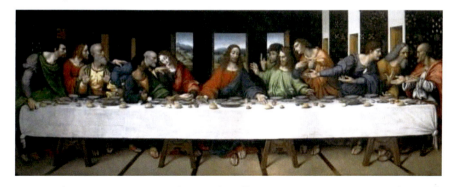

Nela, notamos que todos os detalhes já vistos estão mantidos. Salai está numa posição superior a todos, possui as mesmas cores das roupas de Jesus e Madalena e aponta para si mesmo. Tomé ergue o dedo ao lado

da mão de Tiago para reforçar o 6, Judas aparece derrubando o SAL e Jesus está com as mãos voltadas para lados opostos. Enfim, Giampietrino manteve fielmente as características que nos levam a supor que esta obra se refere à sucessão e ao filho de Jesus, e não à Santa Ceia. A segunda obra é ainda mais reveladora. Vejam:

Maravilhosa! Digna de um verdadeiro aluno de Leonardo. Ela se chama *Maria Madalena*, e com razão, pois ela segura um véu exatamente sobre seu ventre. O véu é usado normalmente quando se quer ocultar alguma coisa. Na linguagem hermética, significa SEGREDO. Daí ela estar **ocultando algum segredo que carrega em seu ventre**. Não menos interessante é o que ela faz com o vestido na mão esquerda, que lembra bastante a forma de uma VULVA. O seu dedo anelar reforça ainda mais essa interpretação, já que ele aponta justamente para ela. O que podemos concluir com isto? Que a vulva situada em frente ao véu que oculta o ventre insinua ainda mais a ideia de que **Maria Madalena estaria carregando algum segredo dentro de si**, ou seja, o filho de Jesus, por meio de uma gravidez. E Salai é seu legítimo descendente! Por isso é que o cenário de fundo dessa obra se parece com o da Gioconda.

Agora pouco foi dito que Salai foi pintado como o ser perfeito, divino. Mas ele não era travesso e fanfarrão? Logo vocês entenderão por que Salai cometeu todas aquelas diabruras. Além do mais, isso não é desculpa. Em alguns Evangelhos Apócrifos, o próprio Jesus, quando criança, fez **coisas piores e mais sarcásticas ainda**. E, quanto ao nome Salai, não é estranho alguém chamar um descendente de Jesus de "pequeno diabo"? Ora, que **disfarce melhor senão este a fim de proteger o maior segredo de todos**?!

O Santo Graal

Qual o motivo de símbolos maçônicos estarem em obras que foram pintadas por membros de outra Ordem Secreta? Existe conexão entre a Maçonaria e o Priorado de Sião? A resposta é simples.

Na época de Leonardo, a Maçonaria não era a mesma que conhecemos hoje. Nem existia como instituição independente ainda. O que havia eram os chamados ARTESÃOS LIVRES, ou pedreiros livres, que eram homens que podiam expressar seus pensamentos livremente, sem depender de nenhum credo ou instituição. Eles se reuniam em GUILDAS, que eram corporações de artistas e alquimistas, e podiam circular livremente, de cidade em cidade, para propagar seus ideais. Tais HOMENS LIVRES foram muito ligados aos TEMPLÁRIOS, pois estes foram os maiores construtores e artesãos de sua época e, para protegerem seus segredos de engenharia e arquitetura, tiveram que criar uma linguagem que somente seus membros pudessem reconhecer. Essa linguagem hermética mais tarde foi herdada e adotada pela MAÇONARIA ESPECULATIVA, como é conhecida a Maçonaria hodiernamente. Os próprios maçons admitem que os seus ancestrais foram esses HOMENS LIVRES. Por isto, passaram a se referir a eles como MAÇONARIA OPERATIVA, para distingui-los de sua instituição.

Portanto, seria perfeitamente plausível que esses livres pensadores pudessem compartilhar tal simbologia com alguns membros do Priorado de Sião, que também frequentavam as Guildas, como Leonardo da Vinci e Botticelli. E, como o Priorado e os Templários vieram de um elo comum, e a palavra MAÇOM já apareceu em alguns diários de Templários, pode-se supor que estas três ordens foram no passado a mesma face de uma moeda. Moeda essa que, depois de toda a perseguição que ocorreu no início do século XIV, teve que se dividir em células cujo embrião unificador foram as Guildas medievais e renascentistas, que eram os lugares onde "os livros" podiam continuar transmitindo sua sabedoria. Portanto, não é de se surpreender que a lista de Grão-Mestres do Priorado seja composta por alquimistas e artistas, que foram os homens que ajudaram a fortalecer as Guildas.

Agora vamos ver mais uma ligação entre Salai e Jesus, só que desta vez na VERDADEIRA MONALISA:

Salai usa um traje verde e vermelho, e isso por si só já possui um significado profundo.

As cores VERDE e VERMELHO sempre foram usadas para representar o contraste MASCULINO/FEMININO. Por exemplo, na mitologia, Vênus era associada ao verde; e Marte, ao vermelho. Na Alquimia, existe o importante contraste entre o LEÃO VERDE e o LEÃO VERMELHO, como podemos constatar nessa frase do grande alquimista Basílio Valentin:

> Dissolva e alimente o verdadeiro Leão com o sangue do Leão Verde, pois o sangue fixo do Leão Vermelho é feito do sangue volátil do Verde, porque ambos são da mesma natureza.

No simbolismo da ROSA, a flor vermelha desabrocha-se das folhas verdes. Resumindo, a cor VERDE simboliza o FEMININO; e a cor VERMELHA, o MASCULINO. Salai foi pintado usando trajes em VERDE-VERMELHO para enfatizar mais uma vez que ele é o INICIADO ANDRÓGINO, pois, como na Gioconda, aqui também ele apresenta características andróginas, **fato que levou Vasari a pensar que nessa obra estaria representada uma mulher**, a qual ele supôs equivocadamente ser a Lisa Gherardini.

Caso ele tivesse prestado atenção neste detalhe da roupa da Mona Lisa,

que nada mais é do que o S de Salai, talvez ele não tivesse cometido esse erro. Isso significa que existem outras letras além das pinturas que contêm a palavra-chave Salai?

Não! Algumas décadas após a morte de Leonardo da Vinci, umas **90 pinturas foram atribuídas a ele**, fato que levou Vasari a julgar que essa obra era de sua lavra. Entretanto, a **Mona Lisa foi pintada pelo próprio Salai**.

Voltando ao assunto, existe outro motivo pelo qual Salai foi pintado de VERDE-VERMELHO, e é este que tem uma forte ligação com Jesus: o **Santo Graal**. Muita gente já sabe agora que o cálice chamado de Santo Graal nada mais é do que o recipiente que recolheu o sangue de Jesus, ou seja, o ÚTERO de Maria Madalena. Esse útero foi representado pela letra

V, porque tal letra lembra o formato do cálice/útero. Mas o que muitos ainda não sabem é que as lendas antigas associaram o Cálice Sagrado à cor VERDE, que é feminino, pois ele era constituído de esmeralda. Na verdade, era uma alegoria para dizer que o cálice simbolizava o Sagrado Feminino. O contraste VERDE/VERMELHO, MASCULINO/FEMININO aparece também nas lendas do Santo Graal, já que o **cálice VERDE recebeu o sangue VERMELHO de Jesus**. Em outras palavras, Maria Madalena, que é o FEMININO, recebeu em seu útero o sangue de Jesus, o MASCULINO.

Agora que sabemos de todas essas informações, lembram-se quando eu disse que na verdadeira Monalisa também havia uma letra V? Pois basta ver que o decote da roupa de Salai novamente está formando uma grande letra V. E é um V bem evidente desta vez! E como esse V está relacionado às lendas do Santo Graal e do Sangue Real, a ligação entre Salai e Jesus se torna mais óbvia, ao vermos isto:

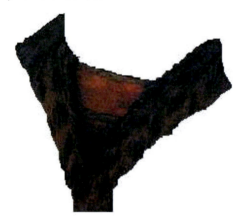

O cálice que contém o sangue de Jesus! Pois está contornado pelo verde, como o Graal de esmeralda, e contém o líquido cuja cor é a de sangue. Salai, o descendente que carregou o SANGUE REAL em suas "veias", foi pintado como o Iniciado Andrógino, com sua coroa de louros, à maneira dos Césares, significando que ele foi um Príncipe Real. E isso nos leva à interpretação de que a Monalisa, ou Mon Salai, na verdade, é uma representação do PRÍNCIPE SALAI, ou PS (como nas iniciais de Priorado de Sião), o descendente legítimo da linhagem real e sagrada.

Mas, se Salai foi o descendente de tal linhagem, quem foram os seus pais? Eles não deveriam ter alguma ligação com essa linhagem também?! E qual o verdadeiro papel de Leonardo nisso tudo?

Ainda não está na hora de revelar tais coisas!

Bom, até agora já temos a chave do sorriso, dos gestos, do Andrógino, do contraste, da descendência de Salai, da ligação das obras que formam a palavra-chave SALAI; enfim, o que mais está faltando para decifrarmos todas as obras de Leonardo da Vinci?

Enquanto isso, vamos recapitular as obras que já foram decifradas até agora:

Em SÃO JERÔNIMO, vimos que Leonardo se representou duplamente como o santo eremita penitente e o leão, já que ambos expressam o contraste de sentimentos por que ele vinha passando naquele momento, como a angústia e a força, o medo e a coragem etc. Em A ÚLTIMA CEIA, seu significado é sobre uma discussão que está sendo travada sobre o destino da Igreja e da descendência sagrada de Maria Madalena, ou seja, quem é que deve ser o verdadeiro sucessor de Jesus Cristo, Pedro ou Maria Madalena com seus descendentes legítimos? Tal discussão fica ainda mais evidente ao vermos que Pedro repreende Maria Madalena com um gesto ameaçador, escondendo uma faca, aliás, talvez com a intenção de atacá-la. Todos os outros ficam agitados e preocupados ao verem a briga, e Jesus tenta acalmar os ânimos fazendo um gesto apaziguador. Salai representa a descendência de Maria Madalena, por isso este está mais alto e mais ligado a Jesus e Maria do que os demais. E o SAL que Judas derruba foi uma referência direta a ele. O V que está entre Jesus e Maria serve para corroborar a lenda do SANGREAL; e o M denota que há uma ligação matrimonial entre Jesus e Maria.

Daí, com todos esses sinais, Leonardo não deixa dúvidas de que é Maria Madalena, com seus descendentes, e não Pedro, quem terá direito à liderança da Igreja. Quanto ao fato de que essa obra não representa a Santa Ceia, basta dar uma boa olhada nas janelas para vermos que a reunião está acontecendo de dia, o que não combina com a descrição da Páscoa judaica.

Na GIOCONDA, vimos que Leonardo representou seu "discípulo amado" como o Andrógino da Alquimia e estabeleceu a ligação SALAI = 666 como um código para SALAI = 9, cuja intenção foi a de corroborar que Salai era mesmo o Iniciado, já que ele era da linhagem sagrada. E, por fim, no JOÃO BATISTA, Salai assume sua posição como descendente de Jesus e Maria Madalena, além de também ter características do Andrógino Iniciado. Estes são os verdadeiros significados dessas obras, e sabemos que Leonardo se utilizou de duplo sentido para levar as pessoas a crerem que elas representavam a Santa Ceia, uma dama florentina ou o São João Batista. Foi a melhor maneira que ele encontrou para não ser condenado como herege.

E quanto ao Baco? Esta será a última, pois é nela que está todo o mistério. Enquanto isso, ainda nos resta decifrar a *Adoração dos Magos*, a *Virgem das Rochas*, a *Santa Ana, a Virgem, o Menino e São João* e a *Virgem com o Menino e Santa Ana*. É isso o que faremos agora, começando pela ADORAÇÃO DOS MAGOS.

A Luta dos Opostos

Sempre achei a Adoração uma das obras mais enigmáticas e simbólicas de Leonardo, o que a torna uma das mais difíceis de decifrar e uma das mais fáceis para enganar o espectador. Mas primeiro vamos ver o que ela parece ser.

Essa obra aparenta representar o momento em que os Reis Magos vão ao encontro do menino Jesus para adorá-lo. Isto até que está certo, até percebermos que Leonardo colocou o enigma do **duplo sentido**, desta vez na composição de dois planos, ou seja, há uma mensagem no primeiro plano da pintura, o do menino Jesus, e há outra no segundo, o da árvore.

Os dois planos bem evidentes na pintura foram uma das características que a tornaram tão revolucionária. E o mais interessante é que esses planos formam um forte contraste entre si. Por exemplo, no primeiro nós podemos perceber que as pessoas são velhas, feias e sombrias, e no segundo são jovens, bonitas e saudáveis. No primeiro, as pessoas estão adorando o menino Jesus, mas no segundo elas parecem adorar a árvore. E é ao lado dessa árvore que surge pela primeira vez aquilo que se tornará uma das marcas registradas de Leonardo, **o gesto da anunciação do "messias"**. E a figura que o faz se parece muito com um anjo devido às suas características Andróginas. Ao lado dele, há uma pessoa com a mão aberta mostrando os 5 dedos para se somar ao dedo do anjo e dar 6. E não é só isso! Ao todo, existem **66 pessoas** nessa obra. E, com o gesto da anunciação do anjo, temos aí, novamente, o famigerado **666**. Isso é sensacional, pois essa foi a primeira pintura relevante de Leonardo! Bastante apropriado, não?

Em *Adoração dos Magos*, Leonardo **inaugura os mistérios e os códigos nos seus trabalhos artísticos** e logo saberemos o motivo. Mas vamos passar para a sua interpretação.

Levando-se em consideração todas as chaves que encontramos até agora, como se poderia interpretar tudo isso? Bom, sem dúvida deve haver algo que se relaciona com o contraste do velho e do novo e com o gesto da anunciação. E, considerando que essa obra representa a adoração do nascimento de Jesus e que o gesto da anunciação aparece pela primeira vez... Espere! Não foi dito que o gesto surgiu logo após 1480? Essa data coincide com o período no qual Leonardo começou a trabalhar nessa obra. E Salai não foi viver com Leonardo no dia de **Maria Madalena em 1490 com a idade de 10 anos?**

Então é isso! Essa obra, na verdade, representa o NASCIMENTO DE SALAI, ou o nascimento do "novo messias", o que descende de Jesus, pois, se Salai tinha 10 anos em 1490, então é claro que ele nasceu em meados de 1480, **na época em que Leonardo começou a trabalhar na obra!** Por isso é que existe aquele contraste entre o velho e o novo, ou seja, o velho nada mais é do que a antiga geração da linhagem sagrada, a do progenitor (Jesus), e o novo representa a nova geração, que é contemporânea a Leonardo. Daí o fato de as pessoas velhas e moribundas estarem adorando o menino Jesus, pois são os antepassados, os ultrapassados; e as pessoas jovens e saudáveis estarem adorando a árvore, que representa o "novo messias", pois elas são da época de Leonardo. Aliás, em toda a obra há o contraste entre o velho e o novo, da época de Jesus e da época renascentista.

Mas o que a árvore tem a ver com o "novo messias"? A árvore o representa porque ela simboliza a esperança e o renascimento. Suas folhas sempre renascem após o inverno e o anjo aponta com o seu gesto diretamente para ela, como podem ver. Porém, o mais esclarecedor é que **as raízes da árvore estão indo exatamente ao encontro do menino Jesus.** Em outras palavras, o "novo messias", que é a árvore, possui raízes que vão até seu progenitor, Jesus, como se fosse uma ÁRVORE GENEALÓGICA. E tem mais! A árvore em questão é a **Alfarrobeira**, "a árvore que nunca morre", pois ela se mantém verde e desenvolvida, mesmo em período de seca. Pela analogia, é o **Santo Graal**, o cálice sagrado que oferece imortalidade e eternidade a quem bebe dele, pois leva o sangue real de Jesus, a linhagem sagrada que nunca se dissipará, mesmo diante das perseguições, das injustiças e da incredibilidade que a Igreja lhe imputou. A Alfarrobeira também simboliza o ouro. Antigamente, suas sementes foram usadas para avaliar a pureza do ouro, já que elas possuem invariavelmente o mesmo peso. Daí é que surgiu a palavra "quilate", pois as sementes de Alfarroba eram chamadas pelos árabes de *Qirat* e pelos gregos de *Keration*, que significa "corno pequeno", que é a formato das vagens que contêm essas sementes. Portanto, cada semente era igual a 1 quilate. O termo *Ouro 24 Quilates* surgiu de um relato sobre um rei que mandou cunhar uma moeda de ouro puro comparada ao peso de 24 sementes de Alfarroba.

E a associação do ouro com a Alfarrobeira nessa obra é a seguinte: está faltando um presente oferecido por um dos Reis Magos a Jesus, que é **justamente o ouro**. Muitos pesquisadores ficaram chocados com isso. Como Leonardo poderia ter se recusado a colocar o presente que simboliza o próprio reinado de Cristo?! Todavia, Leonardo agiu assim para nos falar que o reinado antigo e arcaico de Jesus, adorado pelos velhos e moribundos, fora substituído pelo reinado do seu sucessor, o "novo messias", "a árvore que nunca morre", adorada pelos jovens belos e saudáveis. E, se por um lado está faltando o ouro no primeiro plano da pintura, o plano ultrapassado, por outro lado ele está presente na Alfarrobeira do segundo plano, pois essa era a árvore que avaliava sua pureza. E ela é o descendente real, o **ouro puro da transmutação alquímica**.

Mas ainda existe mais uma associação com essa árvore, a de que ela também poderia simbolizar João Batista, de acordo com o argumento de alguns autores. Segundo a lenda, João se alimentou de suas vagens adocicadas enquanto meditava no deserto. E, como João Batista foi aquele que **anunciou a vinda do "messias"**, é perfeitamente plausível vincular essa árvore com a sua figura, ainda mais porque ela está ao lado do anjo que **também representa a anunciação**. Entendem agora aquelas alusões nas obras João Batista e Baco referentes a esse santo? Tudo está ligado à anunciação do "novo messias".

Agora vamos ao último detalhe da Adoração. Em seus cantos opostos, existem duas pessoas, um senhor e um jovem:

Eles formam mais um contraste entre o velho e o novo. Além do mais, alguns historiadores estão convencidos de que o jovem é o próprio **Leonardo da Vinci**:

E estão corretos! Ele realmente se autorretratou no canto direito da obra. Todavia, o que mais intriga não é o fato de ele ter se colocado na pintura, e sim o que o levou a virar a cara para Jesus. Como o senhor está olhando pesarosamente para a Sagrada Família, e a obra toda está dividida em dois tempos, o novo e o arcaico, fica fácil entender que o senhor representa o seguidor do "antigo messias", que se foi; por isso, ele é velho e sua expressão é melancólica. E o jovem representa o seguidor do "novo messias", que é Leonardo; por isso, ele vira a cara para o antigo, pois já não tem mais nada a ver com este. **Sua missão é proteger o outro.**

Para concluir, vamos relembrar que o estilo de Leonardo mudou após 1480, porque **foi nessa data que Giacomo Salai nasceu.** E, como esse foi um acontecimento de extrema importância para o Priorado de Sião, Leonardo decidiu comemorar pintando a sublime *Adoração dos Magos* e vinculou a criança com a Alfarrobeira e com o número 9, pois vimos que a obra também contém o 666, porquanto sua missão seria torná-lo um Iniciado, um descendente digno da linhagem real. Mas, como tal missão tinha seus riscos e perigos, Leonardo decidiu se mudar para Milão e buscar a segurança de um patrono poderoso para que, no momento certo, pudesse cumpri-la sem empecilhos. É por isso que ele estava infeliz e inquieto antes de deixar Florença. Sua responsabilidade era enorme e ele sabia que não iria aguentar a pressão. Além do mais, a infame acusação que quase o levara a morte ainda lhe perturbava amargamente e ele começou a temer pela vida com medo de que acontecesse novamente. Abrindo seu coração, ele colocou seus sentimentos na dramática *São Jerônimo* e partiu da Toscana com a cara e a coragem!

Leonardo sentia-se responsável por Salai desde o seu nascimento. Somando essa informação ao fato de que ele estava triste e pressionado por não poder criá-lo, obviamente isso só pode nos remeter a uma coisa... Mas não está na hora de falarmos disso. Ainda nos resta uma última pintura para analisar, a *Virgem das Rochas*, que é a obra que mais confunde os pesquisadores, porque Leonardo utilizou uma simbologia sofisticada. No entanto, com a decifração dela, mataremos também a *Santa Ana*, a *Virgem*, o *Menino e São João*, sobrando assim, somente *Santa Ana* e o *Baco* para completarmos a tarefa.

Quando falamos pela primeira vez da *Virgem das Rochas*, deparamo-nos com o problema da identidade dos bebês. Apesar de esse detalhe ter confundido as pessoas, a verdade é que é insignificante perante o fato de que **os bebês são do mesmo tamanho, da mesma idade e iguaizinhos um ao outro**, e é aí que está a chave! Mas o Evangelho de Lucas não relata que João Batista era seis meses mais velho do que Jesus? Sim, e não há nenhum problema nisso, pois nessa obra **nenhum dos bebês representa João Batista**. Então, se um é Jesus, quem é o outro? A resposta está nesta outra pintura:

A autoria é de Bernardino Luini, que foi um dos alunos de Leonardo, e ela representa João Batista batizando Jesus. João Batista batizando Jesus?! **Mas há dois bebês com ele!**

É, realmente João Batista está acompanhado por dois bebês, e isso com certeza não é o que se espera encontrar. Mas o que essa pintura, na verdade, relata é uma lenda muito antiga. Antes, porém, vamos ao detalhe mais perturbador: os bebês dessa obra são exatamente os mesmos **da *Virgem das Rochas*. Até suas respectivas posições são idênticas!**

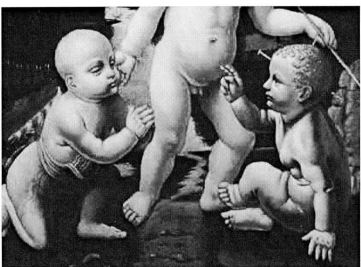

Esta é a prova de que não há nenhum João Batista na *Virgem das Rochas*. E, além dos bebês estarem na obra de Bernardino Luini, encontram-se num quadro de Leonardo que é a chave para se decifrar esse enigma.

Holy Babies! Ele foi descoberto em 1978 pelo Marchand Robbert Bolleurs numa casa de leilão em Londres, jogado literalmente às traças num canto qualquer, e, para provar que *Holy Babies* era autêntico, Robbert teve que passar por uma verdadeira *via crucis* que levou vários anos.

Felizmente, a obra foi autenticada, e desde então vem gerando um fervoroso debate entre os acadêmicos. Apesar de eles acharem que os bebês eram João Batista e Jesus, na verdade as crianças também são do mesmo tamanho, da mesma idade e iguaizinhas, como na *Virgem das Rochas*. Em outras palavras, **trata-se de gêmeos**. Existe uma lenda antiga que diz respeito a Jesus e seu gêmeo. Só que alguns autores a interpretaram ao pé da letra e concluíram precipitadamente que Jesus tinha, de fato, um irmão gêmeo. Contudo, voltemos ao padre Bérenger Saunière:

Como vimos, depois que a igreja dedicada à Santa Maria Madalena foi reformada, ele mandou colocar uma série de representações cristãs enigmáticas e esdrúxulas. Uma delas são duas estátuas que se encontram no altar, de modo que uma ficasse de frente para a outra:

As estátuas representam São José e Santa Maria com o menino Jesus. O problema é que ambas seguram **o mesmo Jesus**, como se Maria tivesse tido gêmeos. E, como a região de Rennes-le-Chatêau fica próxima à antiga Languedoc, no Sul da França, muitos pesquisadores sugerem que o padre Saunière foi influenciado por uma antiga seita herética que se proliferara por lá nos séculos XII e XIII, dos Cátaros.

Os Cátaros eram uma seita de cristãos gnósticos que sofreram uma violenta e sangrenta perseguição por não reconhecerem a autoridade do Papa e da Igreja, além de seguirem ensinamentos um tanto alternativos comparados à ortodoxia romana. Porém, o tiro saiu pela culatra. Em vez de se redimirem, eles se fortaleceram a ponto de muitos acreditarem que a "Igreja Cátara" substituiria a Católica no Sul da França. Quando a situação chegou ao limite, o Papa Inocêncio III não teve alternativa senão organizar uma grande cruzada, a única ocorrida em solo europeu, com o objetivo de acabar com a heresia de uma vez por todas.

Enfim, realmente eles propagavam a lenda de que Jesus tinha um irmão gêmeo. Mas será que o padre Saunière foi mesmo influenciado pelos Cátaros? Ou ambos somente sabiam de um segredo bem guardado pela Igreja?

A segunda pergunta é a que possui a resposta correta, pois a temida instituição católica conhecida como a *Santa Inquisição* foi criada com o intuito de combater os Cátaros. No entanto, curiosamente, existe outro quadro de Bernardino Luini que nos mostra algo semelhante às estátuas do padre Saunière. Confiram:

Como nas estátuas, essa pintura apresenta São José, Santa Maria e os bebês gêmeos. Além do mais, ela é semelhante à *Virgem das Rochas*, haja vista que a posição de Maria é a mesma, e à *Holy Babies* idem, já que os bebês estão representados da mesma forma. Isso demonstra que Leonardo também conhecia a lenda de Jesus e seu gêmeo. E, baseando-se no que já descobrimos a respeito da engenhosa linguagem simbólica usada por ele, basta mais um único passo para a lenda ser destrinchada na íntegra.

A resposta está no leão verde e no leão vermelho!

Agora sim a lenda do Jesus gêmeo faz sentido! A chave está nos opostos, ou seja, **no contraste entre o masculino e o feminino.** Como dito antes, Leonardo usou uma simbologia sofisticada, daí muita gente ter se confundido. Na *Virgem das Rochas*, um Jesus está com o anjo, ou seja, está ligado ao lado espiritual, FEMININO. Já o outro está ligado à Maria, que é HUMANA, representando o lado material, MASCULINO. Nas estátuas de Saunière, um Jesus está junto a José, que é homem, simbolizando o lado material e masculino, enquanto o outro está com Maria, mulher, que é o lado espiritual e feminino. Em outras palavras, Anjo/Humano e Homem/

Mulher significam respectivamente: Feminino/Masculino e Masculino/ Feminino, ou Espiritual/Material e Material/Espiritual — como aqueles anjos abraçando os humanos na *Natividade Mística* de Botticelli, simbolizando o Iniciado, o Andrógino que uniu o masculino e o feminino. Daí o motivo de o anjo da *Virgem das Rochas* fazer o **Símbolo da Maçonaria**, pois o esquadro e o compasso nada mais são do que o mundo material e o espiritual unidos, além de dar aquele sorriso, convidando-nos a decifrar a charada, e possuir vestes de coloração **verde/vermelha**, como uma alusão de que **a chave é a dicotomia masculino/feminino**.

Isto é incrível! Mas como podemos aplicar essa analogia com a pintura de Bernardino Luini e *Holy Babies*?

Em Luini, o João Batista com Jesus e seu duplo representa a tríade alquímica **sal/mercúrio/enxofre**. Do mesmo modo que o sal age como um agente catalizador entre o mercúrio e o enxofre, o Batista age da mesma forma com o intuito de **unir o Jesus positivo com o negativo** para que, no fim, Jesus se torne o Andrógino. O resultado dessa união dos opostos é justamente o que está em *Holy Babies*, a ligação do Jesus positivo com o Jesus negativo **por meio do beijo**. O beijo, nas antigas escolas de saberia e conhecimento, representa o momento em que o profano renasce espiritualmente, deixando de ser neófito para se tornar um Iniciado. Algumas ordens secretas atuais ainda se utilizam desse gesto em seus rituais de iniciação. Aliás, essa foi uma das acusações impostas sobre os Templários, mas com a conotação de homossexualidade.

No entanto, por que os "Jesuses" foram retratados como bebês? Ora, porque eles são **RECÉM-NASCIDOS espiritualmente** (NEO-FITOS). Então isso quer dizer que Leonardo acreditava que Jesus foi um Iniciado? Sem dúvida! Para os renascentistas cultos, o ser humano era o centro do universo, e não Deus, como a Igreja continua a pregar. Eles acreditavam que o humano era um deus em potencial. Por causa disso, empenharam- -se em desabrochar suas qualidades estudando ciências como Anatomia, Fisiologia, Geometria, Proporção e, é claro, as que se referem à Natureza. Eles queriam descobrir, com base nesses estudos, do que o Universo era constituído, qual o segredo da vida e da criação. Não foi justamente isso o que Leonardo fez?! Sendo assim, para ele, Jesus nada mais era do que um ser humano comum, como qualquer outro, mas que tinha ido além ao estudar, filosofar, INICIAR-SE. Jesus, para esses livres pensadores, não foi o filho de deus, ou o próprio, segundo querem alguns, senão um homem que buscou conhecimentos espirituais e filosóficos nas antigas e tradicionais escolas de iniciação, como a GNOSE. Se as pessoas não levassem as METÁFORAS e os ensinamentos de Jesus ao pé da letra, como fizeram Paulo e os romanos simplesmente por razões políticas, elas entenderiam tais mensagens. Sendo assim, Leonardo quis nos dizer na *Virgem das Rochas* que **Jesus nasceu como um humano normal**, porém foi além ao se tornar um Iniciado. Mas isso é uma heresia, e das grandes!

Há, porém, uma heresia mais grave ainda incutida ocultamente nessa obra. É ela que nos dará a última chave para se decifrar toda a obra de Leonardo. Mas antes vamos recapitular o que vimos até agora na *Virgem das Rochas*:

Comprovamos que cada bebê está ligado com uma figura adulta: o Anjo e Maria. Como o anjo não é humano e está ligado ao mundo espiritual, e Maria é puramente humana, um Jesus está ligado ao lado espiritual e o outro ao lado material. Em outras palavras, temos um Jesus espiritual e outro material, um positivo e outro negativo, um masculino e outro feminino, **um DIVINO e outro HUMANO**. Esse é o segredo de Jesus e seu duplo.

Quando Leonardo pintava essa obra, que era para constar no centro de um Tríptico, ele trabalhou com os irmãos Ambrogio e Evangelista de Predis, que foram os encarregados de pintar os anjos nas laterais do Retábulo. Seguindo a sugestão do Messer, os irmãos pintaram os anjos exatamente assim:

Um anjo é verde, e o outro é vermelho. Além do mais, um é mulher, e o outro é homem. **E suas cores estão de acordo com seus respectivos sexos.** Outra evidência de que a chave da *Virgem* está no masculino/feminino! **Não é à toa que ela ia ficar entre esses anjos.** O anjo é o próprio símbolo **da androginia.** Além disso, os instrumentos musicais deles reforçam essa dicotomia. São instrumentos cujos timbres são dissonantes entre si, como se fossem opostos. Está tudo tão na cara... Agora reparem nesta comparação:

Elas são exatamente idênticas! Agora sim já não restam dúvidas de que o discípulo ao lado de Jesus na *Última Ceia* **é mesmo uma mulher.** Essa misteriosa mulher se encontra em várias pinturas de Leonardo **relacionadas ao Sangreal,** significando que ela também está ligada à linhagem sagrada. Agora vejam só esta outra comparação:

É Salai! O outro anjo é o Salai! Fascinante!

Bom, falávamos sobre o Jesus humano e o Jesus divino. Mas a grande pergunta é: qual dos dois tem maior importância na *Virgem das Rochas*? Ora, nós já vimos que o bebê que está junto de Maria, o humano, é o mais importante, já que ele está mais alto do que o outro. E é o bebê com o anjo, o divino, que o abençoa, e não o contrário. Além do mais, o anjo aponta seu dedo indicador claramente para o Jesus humano, sem dúvida uma referência relevante para que o observador se atenha ao bebê que está com Maria. É claro que Leonardo fez questão de salientar bem esta indicação. Como vimos, para ele Jesus era tão humano quanto qualquer outro, apesar de ter sido um Iniciado.

No entanto, o que poderia significar aquela mão de Maria em forma de garra acima do Jesus divino, além de nos indicar, com o dedo indicador do anjo, o número 6? Ora, se traçarmos duas retas paralelas, uma saindo do dedo indicador do anjo e outra saindo diretamente das "garras" de Maria, veremos que elas cortam perfeitamente a cabeça do Jesus humano, como se o decapitassem.

A cabeça coube direitinho entre o dedo do anjo e a mão de Maria, e significa que aqui está contida a lenda de que os Cavaleiros Templários e o Priorado de Sião possuíam a CABEÇA DE JESUS como a **prova clara de que ele era simplesmente HUMANO, mortal e nunca ressuscitara**.

Jesus, um homem normal, representado pelo bebê que está com Maria, após ser iniciado por João nas águas do Rio Jordão, torna-se um Iniciado nos mistérios, representado pelo bebê que está com o anjo. Daí, o anjo faz o misterioso gesto do nascimento espiritual, o 6, e forma com sua mão o símbolo maçônico do esquadro e compasso, além de estar vestido de verde e vermelho e ser um andrógino, que já sabemos que nada mais são do que símbolos para representarem os INICIADOS. Daí o fato de Maria posicionar sua mão bem aberta acima do dedo do anjo e acima do Jesus espiritual para enfatizar, pelo 5 + 1, o número 6. Claro que estes gestos foram posicionados com precisão a fim de obtermos perfeitamente a cabeça do messias.

Então, a *Virgem das Rochas* simboliza um ritual de iniciação com o segredo da farsa da ressurreição de Jesus? Sim! Agora está claro por que Leonardo utilizou bebês para representar Jesus, pois este ainda era um RECÉM-NASCIDO espiritualmente, um neófito, até ter completado o processo de iniciação (o dedo do anjo) por meio de João Batista, com o objetivo de se tornar um Iniciado nos mistérios (as cores do anjo/androginia) e, finalmente, despertar a DIVINDADE INTERNA, a CENTELHA DIVINA (o Jesus divino), como os antigos Iniciados falavam. Aliás, esse é o ensinamento do Grau 33 (3 + 3 = 6; 3 × 3 = 9) da Maçonaria e do Salmo 82: 6.

Afinal de contas, Leonardo e os artistas antropocentristas do Renascimento não achavam que seríamos um deus em potencial?! E mais: agora ficou óbvio o porquê de Leonardo ter colocado seus personagens dentro de uma gruta. **Era costume antigo representar uma cena de iniciação sempre dentro de uma caverna**. Realmente, essa coisa de que todos nós podemos ser como os deuses, no sentido de que podemos desabrochar qualidades inimagináveis por meio do conhecimento, não é o que a Igreja quer que as pessoas saibam. Na Idade Média, esta instituição é que detinha o monopólio do saber, e ai daqueles que se aventuravam pelos caminhos científicos! Até a palavra "demônio", que significa "conhecimento", acabou sendo vinculada ao Diabo, entre tantas outras coisas. Não foi à toa que a *Virgem das Rochas* foi renegada pelos frades que a encomendaram.

E, quanto à cabeça de Jesus, há evidências mesmo de que os Templários veneraram um ídolo que diziam ser uma **cabeça barbada**, o que combina com a descrição de Jesus. Há também um relato de que eles mantinham em seu Templo um artefato conhecido como **CAPUT 58m, ou cabeça 58m**, em latim. Além de terem descoberto a verdade sobre o filho de Jesus e Maria Madalena... Na verdade, eles se deram mal foi por causa da dita cabeça, pois o que é pior para os cristãos: engolir o fato de que Jesus deu um belo exemplo ao se casar com a pessoa amada e ter gerado filhos, ou engolir que sua ressurreição foi uma grande mentira perpetrada pela Igreja para enganar todo mundo e adquirir poder?

Se fosse só por causa da linhagem sagrada, a Igreja com certeza **se esquivaria facilmente**. Afinal, os povos antigos não aceitavam de boa-fé o fato de que os seus deuses **geravam filhos aos montes**? Isso, por si só, não arruinaria os alicerces da Igreja Católica. Agora, quanto à prova de que **Jesus não ressuscitou na cruz**, isso sim a derrubaria. Foi daí que veio a grande confusão que culminou nas Cruzadas, na Inquisição e, posteriormente, na acusação e extermínio da Ordem dos Templários. Isso é algo inimaginavelmente mais grave! Portanto, falaremos disso logo mais. Apresentarei evidências sobre a cabeça mumificada do "messias" e, no final, falarei **onde ela está localizada**, cuja pista se encontra NITIDAMENTE no Baco de Leonardo. Por isso estou deixando esta obra para o final.

Quanto a *Santa Ana, a Virgem, o Menino e São João*, é muito simples:

É que nela cada bebê também está ligado a uma figura adulta: um humano, que é a Virgem, e a um anjo. Um anjo?! Mas a outra figura não é a Santa Ana? É claro que não! Aqui, Leonardo mais uma vez **enganou a todos ao deixar a falsa impressão** de que a figura ao lado de Maria seria a Santa Ana, assim como havíamos visto na *Virgem com o Menino e Santa Ana*, já que ela também não aparenta ser mais velha do que Maria. Além do mais, vejam suas **características andróginas**. Sua mão grande e robusta mais parece a de um homem. Nem é preciso falar sobre o gesto que ela faz, o da anunciação do anjo!

Então a composição dessa obra é a mesma que a da *Virgem*? Precisamente. Sua mensagem secreta também, a do Jesus Divino e do Jesus Humano. Infelizmente, Leonardo deixou essa obra inacabada antes que pudesse acrescentar detalhes insinuantes.

INRI

Shugborough Hall, a ex-propriedade dos Condes de Lichfield, é uma mansão de campo situada no Condado de Staffordshire, local onde nasceram o vocalista Robert Plant, do Led Zeppelin, e o famoso guitarrista Saul Hudson, o Slash. Durante o século XVIII, lá morou o brilhante marinheiro George Anson, famoso por circunavegar o Globo. Acumulando poderes e privilégios nos sete mares, o primeiro Barão de Anson subiu ao posto de almirante-da-esquadra da Marinha Real Britânica e dedicou muito de sua fortuna à decoração de sua propriedade, o que inclui uma série de magníficos monumentos, um dos quais, aliás, foi o responsável por tornar essa mansão mundialmente famosa: trata-se do *Monumento dos Pastores*, que é o mais famoso de Shugborough Hall.

Construído a pedido de George Anson, é um baixo-relevo que apresenta a cena do quadro de Nicolas Poussin, *Os Pastores da Arcádia*, só que espelhada, o que constitui por si só um fato que ninguém até hoje conseguiu explicar o motivo. Além do mais, embaixo do monumento existe um grupo de letras indecifráveis e enigmáticas, o que aumentou a aura de mistério em torno do *Monumento dos Pastores*:

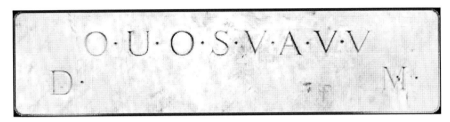

Muitos já tentaram decifrá-las, sem sucesso, como Charles Darwin e Charles Dickens. Até decodificadores de Bletchley Park, a agência responsável pela decifração da máquina alemã ENIGMA, que atormentou os aliados durante a Segunda Guerra Mundial, recentemente organizaram um concurso com o objetivo de pôr um fim no mistério, o que não trouxe resultados satisfatórios também. No entanto, a melhor explicação até agora é que as letras OUOSVAVV, com o DM, formam um anagrama, desde que consideremos que os últimos VV são numerais romanos, o que nos daria 10, em inglês, *TEN*. Daí, o anagrama resultante seria a frase DEVOUT MASON, que significa "Maçom Devoto", e as letras D e M seriam uma alusão às iniciais da frase. Mesmo assim, isso ainda não explica todas as particularidades do enigma, ou seja, por que não considerar o outro V como um numeral romano também, ou por que a cena está espelhada? E por aí vai... Além disso, o que a frase "Maçom Devoto" tem de mais? Ela não ajuda em nada a esclarecer o mistério do quadro de Poussin nem faz sentido que George Anson precisasse ocultar o fato de que era Maçom. Naquela época, todo mundo sabia quem fazia ou não parte da dita ordem.

Mas, sobre o número 10, algo aí faz sentido. OUOSVAVV mais DM têm dez letras; havia dez monumentos originais nos jardins da mansão; as duas colunas que se encontram nas extremidades do monumento possuem um total de dez tambores; e foi o número 10 que levou um pesquisador a descobrir o anagrama "Devout Mason".

Antes, porém, vamos analisar" o que realmente significam as letras D e M? Como *Pastores da Arcádia* contém um tema fúnebre, as letras aludem à frase latina *Dies Manibus*, ou *Aos Deuses Manes*, que era colocada nas tumbas dos romanos como forma de homenagear os mortos, assim como o RIP (*Rest in Peace*):

Claro que é costume colocar junto a essas homenagens a data de nascimento e de falecimento. Como a mensagem OUOSVAVV possui oito letras, dividindo-a ao meio ficamos com OUOS e VAVV, ambas com quatro letras. Em outras palavras, OUOS e VAVV correspondem cada uma às datas colocadas junto à homenagem aos mortos, que nesse caso é DM. Também é importante perceber que George Anson viveu de 1697 a 1762, e essas datas possuem quatro algarismos cada, o que justifica ligá-las às quatro letras de OUOS e VAVV. Afinal, as letras D e M, se forem mesmo uma alusão, estão mais ligadas ao tema fúnebre dos *Pastores* do que à frase *Devout Mason*.

Ótimo! Então sabemos até agora que OUOSVAVV mais DM formam DEZ LETRAS, que é a CHAVE, e DM também divide OUOSVAVV em OUOS e VAVV para corresponderem às datas de nascimento e morte. E, se ligarmos as letras VAVV, ocorre algo parecido com \/\/\/. Acrescentando-se esta informação ao fato de D e M estarem posicionadas abaixo de OUOSVAVV, que é a mensagem principal do enigma, e alternadamente, parece que devemos fazer uma simples alternação. É aí que entra o número 10. Se pegarmos um alfabeto original e outro que comece por sua DÉCIMA letra, o segredo se resolverá ao alternarmos os dois para decriptar a mensagem OUOSVAVV — é como se usássemos uma espécie de *Cifra de Substituição* entre os alfabetos original e cifrado. E, por várias razões, o alfabeto original deverá ser o LATINO ANTIGO de 22 letras, porque era o alfabeto que os antigos romanos utilizavam no dia a dia; e, já que no quadro e no *Monumento dos Pastores* há a frase em latim *ET IN ARCADIA EGO*, é razoável supor que isso não passa de mais uma alusão para se decifrar o enigma.

Em segundo lugar, a Igreja que o padre Saunière mandou reformar está impregnada pelo número 22. Ele aparece tantas vezes que não dá para duvidar que Saunière o usou como um código. Por exemplo, o teto da Torre Magdala é acessado por meio de 22 degraus, que por sua vez possui 22 merlões em seu topo. Dois conjuntos de 11 degraus dão acesso ao jardim. A caveira com ossos cruzados situada acima do portão, que é claramente um símbolo esotérico, possui 22 dentes. Embaixo da Torre de Vidro, existem 22 degraus, que levam a um porão. E o mais importante: algumas inscrições na igreja **estão escritas de forma errada e de propósito para conterem exatamente 22 letras**.

Saunière pode ter dado ênfase a esse número porque **este é a chave para se entender o significado de *ET IN ARCADIA EGO*,** como logo veremos. Além do mais, nós já vimos que ele mandou colocar esses símbolos somente depois de ter adquirido o quadro de Poussin. Por último, esse número tem uma associação muito forte com os **22 Arcanos maiores do Tarô e com as 22 letras do alfabeto hebraico.** Tudo isso tem uma importância capital nesses códigos esotéricos.

Mas há um problema. O alfabeto latino não contém a letra V. Então como se explicam os três Vs na mensagem codificada? Certamente que as letras V e J ainda não existiam no alfabeto latino antigo, já que o V era igual ao U; e o J, igual ao I. Mas isso não entra em contradição com a mensagem. Muito pelo contrário, faz até mais sentido. Senão vejam isto aqui:

Alfabeto 1 = original / Alfabeto 2 = cifrado:
Alfabeto 1 = A B C D E F G H I K L M N O P Q R S T U X Z (antigo alfabeto latino de 22 letras)
Alfabeto 2 = o p q r s t u x z a b c d e f g h i k l m n (o mesmo alfabeto começando a partir da décima letra em relação ao primeiro)
Os dois alfabetos na forma alternada:
A p C r E t G x I a L c N e P g R i T l X n
o B q D s F u H z K b M d O f Q h S k U m Z

Agora é só pegar a primeira parte da mensagem, OUOS, e aplicar o método de cifragem da alternação dos alfabetos. Lembrando que o primeiro O tem que ser o vermelho, porque ele está incluso na mensagem cifrada. Em seguida é só ir alternado a ordem dos alfabetos para substituir as demais letras. O resultado fica assim:

– o U o S é igual a A l A i, ou **ALAI**.

Agora, para se decifrar a segunda parte, VAVV, fazemos o seguinte: o V não faz parte do antigo alfabeto latino, mas, de acordo com a numerologia mística hebraica, ou **gematria**, muito usada pelos ocultistas em geral, esta letra deverá ser substituída pelo valor numérico 6. É claro que V só pode ser um número, pois, como letra, já vimos que não há essa possibilidade. Então, como temos três Vs em VAVV, a segunda parte da mensagem agora passa a ser **6A66**. Só nos resta a letra A.

Poderíamos continuar decifrando o A como no processo anterior de alternar alfabetos, o que nos daria que o a, que deve ser o minúsculo, porque vem após o S maiúsculo, corresponde ao K. Mas, como ele está intercalado de propósito entre os Vs, ou melhor, entre os 6, e como ele é a SEXTA letra de OUOSVAVV, seria razoável supor que devemos relacionar o A com o 6, ou seja, substituí-lo pela sexta letra a partir dele. Mas, como esse A vem após a primeira parte de OUOSVAVV, devemos jogá-lo para trás, ou melhor, para o início de OUOS, que já foi decifrado. Em outras palavras, temos que pegar a sexta letra *a* partir do A, mas de trás para frente, o que nos dá agora a letra S, e pronto! **Eis a solução para o enigma de Shugborough Hall**:

OUOS + VAVV = ALAI + 6S66

Portanto, OUOSVAVV = SALAI 666

Esta solução explica por que o *Monumento dos Pastores* está **espelhado**. Sem dúvida, uma nítida **influência de Leonardo**. Além disso, é interessante notar que DM divide OUOSVAVV ao meio, pois o processo de decifração vai de OUOS até o primeiro V, já que V não é uma letra. Viram como a divisão foi precisa?! E, mesmo se considerarmos o A de VAVV como K, de acordo com a alternação de alfabetos, uma coisa mui interessante acontece também. **A distância entre o K e o S é a mesma que entre o D e o M**. Então, se colocássemos o M no lugar do D, obviamente o K seria o S no novo alfabeto. **Tudo indica que o A é mesmo o S**. Daí é óbvio concluir que as letras D e M são mesmo muito relevantes e que não foram colocadas de propósito somente para nos indicar a chave das DEZ LETRAS. E, como elas eram colocadas nos túmulos romanos, o que não deixa de ser outra alusão ao alfabeto romano de 22 letras (como o *ET IN...*), não pode ser um acidente o fato de que os pastores do quadro de Poussin dirigem suas atenções diretamente para um TÚMULO. E onde é que entra Salai no quadro de Poussin? O que ele tem a ver com *Os Pastores da Arcádia*?

Conseguem ver aquele rapaz com veste escarlate segurando uma vara e apoiando seu pé numa pedra? Pois aquele pastor tem exatamente **as mesmas feições** daquele que está nas pinturas mais famosas de Leonardo da Vinci, **Salai**! Observem isto:

Realmente são a mesma pessoa, apesar de o Salai de Poussin estar com uma expressão soturna. Ambos até apontam seus dedos e seguram uma vara, o que prova que Poussin se deixou influenciar pela obra de Leonardo. **Daí o fato de o *Monumento dos Pastores* estar espelhado.**

Então esse quadro faz mesmo uma referência à linhagem sagrada? Com certeza! Não tinha sido dito no início que é nele que estava todo o mistério do Priorado de Sião?! E notem como Salai novamente está vestido com a túnica escarlate, que é a **cor da capa dos reis europeus**, do sangue real, além de apoiar sua perna na pedra que representa a **Pedra Fundamental da Igreja Católica**, pois é o descendente de Jesus e de Madalena, e não Pedro, quem tem o direito de pisar sobre ela. Todavia, não é só a linhagem do Graal que está representada aqui, mas também a mentira da ressurreição de Jesus, ou seja, a lenda da cabeça do "messias"... Vamos aos indícios!

Salai segurando a vara perto de sua face sorumbática e fúnebre dá a impressão de que ela está decepando sua cabeça. E, em vez de ele apontar diretamente para a inscrição *ET IN ARCADIA EGO*, na verdade aponta para a **sombra de uma cabeça**. O interessante é que quem faz essa sombra é um pastor que é **idêntico ao Judas da *Última Ceia*...**

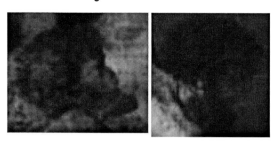

Ou seja, o homem que levou Jesus à morte projeta sua sombra, a sombra da morte, da traição, diretamente sobre o TÚMULO. Prova disso é que **a sombra do seu braço forma perfeitamente uma foice**, que é o símbolo da morte (a sombra realmente está errada em relação aos raios solares justamente para dar o efeito da FOICE). E tanto ela quanto o dedo de Salai apontam para a cabeça. Não há mais dúvidas! Essa é a cabeça que se encontra no TÚMULO DE JESUS. A frase *ET IN ARCADIA EGO* ratifica isso. Querem saber o que ela significa?

Bom, suponhamos que *ET IN ARCADIA EGO* represente o acrônimo **EIAE**. Suponhamos também que esse acrônimo seja a chave para se resolver o enigma. Daí, se pegarmos EIAE e pusermos suas letras em ordem alfabética, temos que: **A E E I**. Agora, vamos fazer uma comparação dessas letras com as suas correspondentes do alfabeto para ver se surge alguma relação interessante. Lembrando que o alfabeto usado será o latino de 22 letras. Como disse antes, Saunière decifrou essa obra por meio do uso dele e mandou colocar o número 22 em vários lugares da sua igreja, além de *ET IN ARCADIA EGO*, que é uma frase latina, obviamente ser uma pista para esta escolha, isso sem falar da simbologia do número 22...

A B C D E F G H I K L M N O P Q R S T U X Z

Interessante! As letras A E I do alfabeto estão equidistantes entre si. Sempre se obtém uma ao contarmos **quatro letras** depois da letra anterior. Vamos continuar com este processo para ver que outras letras surgem também.

A B C D E F G H I K L M N O P Q R S T U X Z

Agora temos o A, E, I, N, R e X. Algumas observações interessantes surgem daí.

Primeiro, se pegarmos a terceira, quarta e quinta letra, I N R, logo iremos nos lembrar da palavra **INRI**, usada para Jesus Cristo. E, se pegarmos a última letra, o X, novamente veremos **outra conexão com Jesus Cristo**, já que, antigamente, essa letra era usada simplesmente para substituir a palavra Cristo, pois X, em grego, representa Chi, que por sua vez é a letra inicial da palavra grega para Cristo, ou Christ. Interessante notar que os antigos cristãos gregos costumavam substituir a palavra CRISTO pela letra X. É exatamente por esse motivo que às vezes a frase *Merry Christmas* aparece escrita como *Merry Xmas*.

A letra X também foi muito usada pelos antigos no final do rabo do peixe, que é um outro símbolo para Jesus:

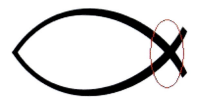

O X também se encontra em quase todas as pinturas dos Iniciados como uma referência oculta a Jesus e a sua linhagem secreta. Tal informação está relacionada com o fato de o criador da frase *ET IN ARCADIA EGO* ter optado pela palavra ARCADIA, pois, como sabemos, esta palavra é grega e representa o antigo reino dos pastores da Grécia. E o que isso tem a ver? **PASTORES**! Aí está mais uma relação com Jesus, pois ele é conhecido também como **O BOM PASTOR**, não é mesmo?!

Mas, tirando o fato de termos encontrado uma sequência semelhante ao INRI (o INR), além do X, que simboliza a palavra CRISTO, e a Arcádia (ou Pastores) e suas relações com Jesus, vamos nos concentrar nas letras da série AEINRX equidistantes em intervalos de **quatro letras** para tentar decifrar a sigla EIAE da famigerada frase latina:

Em primeiro lugar, já podemos supor que tais intervalos de quatro letras são a nossa chave para a decriptação. O que precisamos fazer agora é testar qual método de criptoanálise se ajusta melhor ao produto. Baseando-se na COLA (INR lembra INRI), é razoável trabalharmos com a famosa CIFRA DE CÉSAR usando a chave que já conhecemos. Vamos tentar! De acordo com a cola de que EIAE é INRI (o alfabeto cifrado está embaixo do original de modo que o E da mensagem cifrada corresponda ao I do alfabeto original):

Alfabeto original: A B C D E F G H I K L M N O P Q R S T U X Z
Alfabeto cifrado : t u x z a b c d e f g h i k l m n o p q r s

O resultado do acrônimo EIAE (eiae) é INEI. INEI não tem sentido, mas é quase idêntico a INRI. Isto significa que estamos no caminho certo. Então, o que será que encontraremos, se aplicarmos a Cifra de César uma vez para cada letra? Faz até mais sentido. Este processo é chamado de CIFRA DE ALBERTI, que é uma cifra polialfabética, e é bem mais provável que os artistas da Renascença e do Barroco tivessem a usado em vez da óbvia CIFRA DE CÉSAR, que é monoalfabética. Vamos testá-la então!

Para a primeira letra, que é o e, teremos a letra I. Para a segunda, o i, teremos o R, já que aplicamos CÉSAR duas vezes. Para a terceira letra, o a, teremos agora o N, já que aplicamos CÉSAR três vezes. E, para a última, que é de novo o e, não precisamos de mais nada, porque já sabemos que o e é I. Daí, o resultado agora é: EIAE é igual a **IRNI**.

Que nada mais é que o INRI espelhado!

Ainda duvidam que Poussin se baseou em Leonardo? ***ET IN ARCADIA EGO* significa INRI ao contrário**. Por isso o criador dessa frase escolheu ARCADIA, que é onde os pastores viviam, e usou pastores como os personagens de sua obra. Tudo isto nada mais é do que pistas para nos levar à conclusão de que **todo o cenário está voltado para JESUS**, que, como vimos anteriormente, é o **próprio símbolo do PASTOR**. E o número dos pastores e das letras de INRI, ou EIAE, que **é quatro**, deve ter sido uma pista para se decifrar a frase latina.

Além do mais, dando uma olhada mais aguçada no túmulo, veremos que acima da mão de Salai está gravado um T, que nada mais é do que **um tipo de cruz chamada Tao**. Ou seja, outro símbolo para Jesus, além do INRI. Agora vejam só que interessante isto:

A vara e a forma como o corpo de Salai está posicionado geram uma **letra R oculta e perfeita**! E, se considerarmos cada pastor como uma letra do acrônimo INRI (pois são quatro os pastores), **o R de Salai corresponde precisamente à posição do R em INRI**. Impressionante!

Provamos então que o quadro *Os Pastores da Arcádia* representa a localização da TUMBA de JESUS, que **contém os seus restos mortais.** Ou melhor, sua cabeça.

Localização?! Como assim?!

A Cabeça de Jesus

Lembram-se do Baco?! Então, essa obra e os Pastores contêm exatamente a mesma paisagem, **o cenário é idêntico**. Se duvidam, comparem as montanhas que estão no fundo de ambas, pois é a mesma, e ela tem tudo a ver com o mistério. É ela que revelará a localização, já que é uma montanha bem conhecida.

Mas isso ficará para depois. Agora é o momento de resolver outro problema. Se o *ET IN...* for mesmo INRI, o que dizer das outras versões dos *Pastores da Arcádia*, inclusive uma de Guercino que é anterior a de Poussin e que contém a mesma frase? Certo! Vamos conferir:

Nela também há uma forte referência à **cabeça de Jesus**, a qual está sobre um túmulo com o monograma velado INRI. E ela também nos dá a **localização exata de onde se encontra essa valiosa relíquia**, como veremos logo. Então Guercino também conhecia o segredo? É claro! Por isso que ele também pintou isto aqui:

E quanto à outra versão dos Pastores de Poussin?

Esta versão é anterior à outra. No entanto, não há nada nela que contradiga a lenda do Graal e da cabeça do "messias". Temos os quatro pastores, o mesmo Judas lendo a mesma frase, a caveira em cima do túmulo como um indício claro da cabeça, enfim... Só não temos o Salai. Mas, em vez dele, o que temos é um jovem, sempre coroado, derramando água por meio de um jarro. Como já estudamos, este é o símbolo da **Era de Aquário**, a era que virá após a de Jesus. Em outras palavras, o jovem com a coroa representa o "NOVO MESSIAS", o sucessor de Jesus. Entenderam? Assim como Leonardo usou o arauto do "messias", João Batista, como uma alusão ao descendente do Graal, Poussin usou o signo de Aquário para indicar aquele que viria após Jesus, o "messias da nova era". Mas por que ele não colocou o Salai?

DA VINCI REVELADO

Isto é fácil de explicar. Quando Poussin pintou a primeira versão, fica claro que ele já tinha ciência do segredo, mas não em profundidade. Estudando então as obras de Leonardo com mais afinco, ele descobriu a verdade por trás do mistério de Salai e pintou a segunda versão anos mais tarde. Afinal, qual o motivo de ele ter feito isso, ora? Poussin estudou a fundo a obra de Leonardo. Ele revisou e criticou várias de suas pinturas e foi quem fez as ilustrações da publicação do seu famoso e esperado *Tratado da Pintura*. E, mesmo que Poussin não conhecesse na íntegra a verdade sobre a Linhagem Sagrada quando pintou a primeira versão dos Pastores, nela consta um detalhe que pelo menos demonstra que ele já era um Iniciado.

Reparem naquela mulher que levanta seu vestido para mostrar a perna. Este é um símbolo que só os Iniciados conheciam e usavam. Ele é o DEXTRUM GENUS, que quer dizer JOELHO DIREITO, e é esse joelho que a mulher da pintura nos mostra. A origem da palavra Genus é deveras envolvente. Genus, que é "joelho" em latim, foi a progenitora das palavras "gente", "genética", "gene", "gênero", "genuflexório", "genitor", "genuíno", enfim, é incrível como todas essas palavras vieram do "joelho". O motivo é o seguinte: na Antiguidade, os romanos tinham um altar doméstico com um fogo que sempre deveria se manter aceso para homenagear e cultuar os seus ancestrais masculinos. Esse era o culto aos *Deuses Manes*, que eram os parentes mortos, e cada família possuía os seus. Acontece que, se a filha de uma determinada família ainda fosse solteira, era obrigada a cultuar os deuses do pai, mas, ao se casar, os deuses do marido substituíam os do seu genitor.

Entretanto, a regra romana exigia que ela deveria mostrar-se relutante, contrariada, ao abandonar o culto de seus ancestrais, como se lamentasse a perda destes. Por isso, ela, coroada e vestida de branco (como a mulher da pintura), gritava, debatia-se, até ser raptada e carregada à força pelo marido antes que entrasse em sua nova casa. Pouca gente sabe, mas essa é a origem do gesto romântico de se carregar a recém-casada até o novo lar. Como os casamentos antigos tinham a finalidade única de perpetuar a família, no NONO dia após o nascimento do filho varão, o pai reunia os parentes para o ritual de iniciação que acontecia ao redor do altar dos Deuses Manes. Daí, no final da cerimônia, ele colocava o recém-nascido em seus joelhos e declarava o bebê como o seu filho legítimo, GENUÍNO, e ele o seu GENITOR. Por isso é que surgiram as palavras citadas anteriormente. Todas elas se relacionam à prole, à descendência.

E sobre o Dextrum?

Sendo lacônico, *dextrum* é "direito" em latim. Além do mais, o lado direito sempre foi associado às coisas boas, sagradas e nobres. A palavra "destreza", por exemplo, veio de *dextrum*. Assim como o esquerdo, que no latim é *sinistrum*, foi associado a todas as coisas más. Daí a palavra "sinistro". Por isso os canhotos foram malvistos durante muito tempo, enquanto os destros eram tidos como os corretos, divinos e bons.

E, como já sabemos disto agora, fica fácil explicar o que significa o **gesto do joelho direito** nas pinturas dos Iniciados. Genus está ligada a prole, descendência, família. Dextrum está ligada às coisas nobres, divinas e corretas. Então, **Dextrum Genus** nada mais é do que: a prole boa, a descendência sagrada, a família nobre, a linhagem correta, a **LINHAGEM REAL**.

Então eles usaram o joelho direito como um **código oculto para a linhagem do Graal**?! É irrefutável! Afinal, por que diabos alguém iria mostrar o joelho direito nas pinturas?!

O Dextrum Genus aparece também em muitas obras relacionadas ao Graal de Leonardo da Vinci, Botticelli e de outros pintores Iniciados, inclusive na segunda versão dos Pastores de Poussin, como pode ser visto no pastor ao lado de Judas. Mas vamos ver uma das mais importantes que contêm o tal gesto, *A Tempestade*, de Giorgione:

Até então ela era considerada indecifrável, mas, em face de todas as informações que já possuímos, vocês verão como as peças se encaixam perfeitamente. Em primeiro lugar, a mulher que amamenta o bebê coloca a mão esquerda em seu joelho direito. Esta é uma outra maneira de salientar o Dextrum Genus. **O diabinho da entrada da Igreja de Saunière faz a mesma coisa.** E existem fotos e retratos de Iniciados que os mostram agindo assim, como esta fotografia de Jean Cocteau, que também foi Grão-Mestre do Priorado de Sião:

Continuando, o homem que está na outra extremidade do quadro, que também faz o Dextrum Genus, aparece segurando uma vara de pastor e foi representado com muita virilidade. Ao lado dele existem duas colunas quebradas. Elas nada mais são do que as **colunas do Templo de Salomão**, que sustentam a sabedoria, a verdade e a justiça. Aliás, essas colunas se encontram em todos os templos maçônicos.

Mas por que elas estão quebradas? Logo veremos. Antes, vamos terminar de analisar os detalhes:

Notem que os dois personagens estão separados por um rio. Porém, existe uma ponte no fundo que serve para ligar os planos onde eles se encontram, ou seja, apesar de eles estarem desunidos, existe uma ligação oculta e direta entre eles. Por fim, é claro, a tempestade furiosa, que é o tema principal dessa obra, um símbolo da ira divina.

Agora que vimos todas as peças, vamos concatená-las em face de tudo o que sabemos?

O homem com a vara de pastor poderia ser uma alusão a Jesus, o Bom Pastor. A virilidade dele, com o Dextrum Genus, poderia ser uma referência à linhagem sagrada. Prova disso é que a mulher, que também faz o Dextrum Genus, aparece amamentando um bebê. Talvez ela seja a Maria Madalena. A ponte denota claramente que há uma ligação entre os dois; e as colunas quebradas com a furiosa tempestade parecem um tipo de ira divina que se abateu sobre eles. Essa é a charada!

A Tempestade de Giorgione representa a DESGRAÇA que sofreu a linhagem real. Apesar de a Igreja ter imposto injustiça e destruição sobre ela (que são as colunas quebradas do Templo de Salomão), amaldiçoando-a, associando-a ao pecado (que é a tempestade, a ira divina), ter feito de tudo para dissipar e erradicar os descendentes sagrados (representados pela virilidade do pastor e pelo bebê que mama no peito da mulher) por meio da separação de Jesus (o homem com a vara de pastor) e Madalena, ainda existe esperança (a ponte que une o casal separado pelo rio de lágrimas). A Tempestade é uma das mais magníficas alegorias do Santo Graal. Por isso considero Giorgione, que foi contemporâneo de Leonardo, como um grande Iniciado.

Mas vamos a mais evidências sobre a cabeça de Jesus. Lembra-se daquele anjo que fiquei devendo na *Natividade Mística*?

Do jeito que Botticelli posicionou o anjo, parece que este está prestes a arrancar a cabeça do... PASTOR (haja vista que toda a obra se refere ao mito Jesus como um ser divino). E o Iniciado sabe se guiar pelo caminho de Sião para descobrir esta "dura" verdade. Por falar nisso, nessa obra há três pares de homens e anjos se abraçando, o símbolo do Andrógino e do

Iniciado. Desnecessário dizer que são três pares, porque 3 é o número de fases que o alquimista tem que completar para lograr a Pedra Filosofal e a Transmutação, e **3 é a quantidade de 6 que o profano necessita para se tornar um Mestre** e, daí, conhecer os segredos.

Sobre a cabeça, na *Santa Ana* de Leonardo, que também fiquei devendo, vejam o jeito que o menino Jesus está segurando a cabeça do cordeiro.

É com bastante agressividade, como se quisesse arrancá-la. Esse é um indício forte, pois o cordeiro simboliza o sacrifício e a morte de Jesus. Morte, Jesus e cabeça: é uma boa combinação. E Leonardo ainda coloca a Virgem tentando separar, com bastante calma e graciosidade, o menino do animal. Foi uma maneira discreta de Leonardo dizer que ela está negando o sacrifício de Jesus, que, é claro, nunca ocorreu. Mas, como o menino não deixa por menos, ele coloca sua perninha no pescoço do animal e segura com força a cabeça e a orelha com a intenção de arrancá-la, confirmando assim a suspeita de que ele nunca quis se sacrificar pela humanidade. Prova disso é a carinha sarcástica que a criança faz, não mostrando nenhum sinal de relutância.

E a Santa Ana? Não há nenhuma Santa Ana nessa obra. As duas mulheres são uma só. É só reparar nelas! Aliás, eminentes especialistas já notaram esse estranho detalhe. Eles viram que elas compartilham de um mesmo corpo e possuem a mesma idade. Mas, para ver isso melhor, é só dar uma olhada na cópia que Salai pintou.

Elas são iguais, da cabeça aos pés! Salai está sempre entregando as chaves, não é mesmo?! Mas o que Leonardo fez aqui foi a mesma coisa que Botticelli fez na *Primavera*, naquela transformação da Ninfa Clóris para a deusa Flora. Sabe-se que Leonardo adorava esse movimento de imagens, que lembra muito a animação tradicional conhecida como *Animação por Célula*. Alguns pesquisadores contemporâneos já até arriscaram o palpite de que Leonardo teria se enveredado pelo ramo cinematográfico caso vivesse nos tempos de hoje. Leonardo foi muito mais um desenhista do que pintor. Mas o motivo que o levou a pintar essa mulher de duas formas é bastante simples: primeiro, ela observa o menino com aquele sorriso enigmático, **prenunciando uma charada**. Daí, quando ela vê que ele está prestes a agarrar o cordeiro, ela muda sua posição, calmamente, para tentar impedi-lo. Em outras palavras, a mulher, que na verdade não é a Virgem, quer ver até que ponto o menino Jesus quer ir. Quando ela vê que a mentira do sacrifício está a ponto de surgir, sem hesitar ela tenta desvincular o menino dessa verdadeira blasfêmia. No final, Jesus, com uma cara das mais brincalhonas, tenta arrancar a cabeça do animal, corroborando que a história do sacrifício e da ressurreição não passou de papo furado.

Essa é uma das obras mais heréticas de todos os tempos. Por isso é que ninguém nunca entendeu o seu significado.

Mas quem seria a mulher, então? É a mulher misteriosa que vira e mexe aparece nas obras de Leonardo. Ela está sempre acompanhada ou de Salai, ou do Jesus neófito, que é o bebê. **Tal tríade é constante.**

Então a *Virgem do Fuso* retrata a mesma cena que a *Santa Ana*? Na *Virgem do Fuso*, a mulher também quer separar Jesus da cruz, negando-lhe sua divindade, já que ele nunca foi deus, senão um Iniciado. Por isso é que ele faz o gesto do número 6, para simbolizar que ele foi iniciado nas antigas escolas de mistérios.

E a mulher mostra a mão aberta para reforçar o número 6.

Na Capela Rosslyn, na Escócia, que é uma construção impregnada de símbolos Templários e maçônicos, existem várias **cabeças misteriosas** por todo lado. Tal fato tem um forte paralelo com o lugar que veremos estar a cabeça do "messias". E, no vilarejo de Templecombe, em Somerset, Inglaterra, cujo nome deriva dos Cavaleiros Templários, que ali fundaram uma preceptoria no século XII, localiza-se uma igreja construída por eles que ficou famosa por conter a seguinte imagem:

Essa é a intrigante *Cabeça de Templecombe*, que já despertou furiosos debates entre os acadêmicos. Olhando bem para ela, dá para notar que é a **cabeça de um cadáver**. Até parece estar **mumificada**!

Em relação à cabeça 58m que os Templários possuíam, vocês sabem como se escreve "Jesus Cristo" em latim? É *Iesus Christus*. Por quê? Iesus tem cinco letras. Christus tem oito, daí se conclui que: Caput 58 nada mais é do que **Cabeça Iesus Christus**, ou cabeça de Jesus Cristo (os números são um código para a quantidade de letras).

Mas e o M? De acordo com os arquivos da Inquisição, em 1308, quando vários Templários já haviam sido presos a mando do Rei Felipe IV, Guillaume Pidoye, um dos homens de Felipe com Guillaume de Gisors apresentaram aos inquisidores alguns bens preciosos que tinham sido tomados na sede dos Templários em Paris. Entre eles, Guillaume de Gisors apresentou um certo **relicário revestido de prata que tinha a forma da cabeça de uma mulher**. Só que nessa cabeça de prata constava uma etiqueta na qual estava escrito CAPUT LVIIIm. O LVIII, naturalmente, é 58 em romanos.

E, além do M, o que tem a ver Iesus Christus com um revestimento argentino cujo formato é feminino? Ainda não falei que, dentro do relicário, havia um **crânio** que foi identificado como sendo o de uma mulher. Acontece que o tal M de LVIIIm não estava grafado como uma letra latina comum, pois estava escrito como o *Signo de Virgem*, cujo símbolo **lembra muito a**

letra M. E o metal Prata é representado na Astrologia e na Alquimia pela Lua, assim como o Ouro é pelo Sol. A Lua nada mais é do que um símbolo feminino. Lua é feminino, e Sol é masculino. Era costume simbolizar as mulheres mitológicas por meio da Lua, **principalmente as virgens.**

E quando se conectam Prata, Lua, Mulher, Virgem e M: o que vem à cabeça? Maria?! A virgem Maria?! Elementar! Mas... e o 58 de Iesus Christus? Simples! Como é chamada a mãe de Jesus em latim? É **IESUS CHRISTUS, MATER.** Iesus Christus, Mater, cuja tradução literal é: Jesus Cristo, mãe, ou **MÃE DE JESUS CRISTO.**

Agora sim ficou óbvio por que o relicário era de Prata, pois este simboliza a Lua e o Feminino, e o M, que é a inicial de Maria e de Mater, estava escrito na forma do Signo de Virgem. Aliás, não é verdade que os cristãos costumam associar a Virgem Maria com a Lua? Sendo assim, o tal crânio de mulher que estava dentro do relicário poderia ser os restos mortais da mãe de Jesus?! Certamente que sim, e isso é uma verdadeira bomba! Se for mesmo verdade, aí está outro fato que poderia derrubar a Igreja Católica, já que, devido ao dogma da **Assunção de Maria**, os cristãos acreditam piamente que ela **subiu de corpo e alma para o Céu**, além da verdadeira Mariolatria que existe em torno de sua imagem. Contudo, não era assim na época dos Templários... É por isso que a cabeça dela não estava tão protegida como a do seu filho, apesar de ter sido uma relíquia de valor incomensurável também. Como os Templários agiram durante alguns anos como arqueólogos na Terra Santa, o que eles descobriram lá foi usado para chantagear a Igreja, daí o imenso poder que adquiriram, tornando-se a Ordem Monástica Medieval mais poderosa da Europa do dia para a noite.

E, quanto à cabeça que dizem ter sido adorada pelos Templários, certamente a de Jesus, eles também a denominaram de LVIII como um código, sem o uso do M no final, é lógico. Ela está protegida por um relicário de ouro, o que contrasta perfeitamente com o de sua mãe.

Ainda: o que aconteceu com o crânio de Maria? Ficou com a Igreja. O interessante é que foi Guillaume de Gisors quem a recuperou, e **ele também foi um dos Grão-Mestres do Priorado de Sião**, pois o seu nome constava na lista. Daí fica fácil supor que ele foi um **agente duplo** que serviu ao Rei da França com o intuito de recuperar uma das relíquias mais preciosas dos Templários, pois estes estavam vivenciando seus anos mais desfavoráveis. Claro que Gisors julgou que a cabeça da Virgem ficaria mais segura nas mãos da Igreja do que na de Felipe. Além do mais, não era incomum que alguns membros do Priorado agissem como agentes duplos. Alguns

Templários, por exemplo, foram avisados sobre a fatídica sexta-feira de 13 de outubro de 1307, quando o Rei Felipe, o Belo, ordenou que todos os Cavaleiros do Templo fossem presos na França. É por isso que o ambicioso monarca nunca conseguiu pôr as mãos no glorioso tesouro do Templo.

Quanto aos Templários, estes realmente estavam em maus lençóis. A verdade é que os Templários nunca foram cristãos. Eram ateus, e com A maiúsculo! Por exemplo, eles usavam a palavra "Baphomet", que é um código oculto para SOPHIA, a SABEDORIA. Mas Baphomet não era um ídolo? Ídolo esse, aliás, que a Igreja transformou na imagem do Diabo? Não, Baphomet nunca foi um ídolo. Isso aí foi um baita erro de interpretação. Baphomet foi somente uma palavra que era usada nos rituais, significando Sabedoria, pois os Templários eram gnósticos adoradores de SOPHIA, além de serem homens práticos. Eles foram homens de negócios, bons administradores e os melhores construtores. De mente aberta, apreciavam outras culturas, como a muçulmana, e diversas formas de saber. Usando seus conhecimentos avançados para a época, eles criaram o sistema bancário por meio de cheques de viagem e foram os homens mais ricos de seu tempo. Daí o fato de adorarem não um ídolo, mas a Sabedoria, como a maçonaria ainda faz hoje.

E, quanto à criação da imagem do Diabo, a Igreja tomou emprestado os atributos dos deuses Pã, Posêidon e outros mais; nunca, porém, de nenhum ídolo chamado Baphomet.

Mas eles também usaram como um de seus símbolos o famoso QUADRADO SATOR. Esse quadrado possui a frase palíndroma SATOR AREPO TENET OPERA ROTAS, que pode ser lida da mesma forma tanto da esquerda para a direita quanto da direita para a esquerda, ou de cima para baixo e de baixo para cima.

S A T O R
A R E P O
T E N E T
O P E R A
R O T A S

O segredo para se desvendar o Quadrado Sator está na cruz, e há somente duas maneiras de se obter essa figura no quadrado, nas palavras TENET, que formam uma cruz perfeita, e nos grupos de letras das diagonais, SRNRS e RPNPR, que formam a cruz em forma de X. Se considerarmos a cruz TENET, perceberemos que as letras restantes formam quatro quadrantes com as palavras SARA e OPOR. SARA é interessante, pois esse era supostamente o nome da filha de Jesus e Madalena. Todavia, não é a chave, porque o Quadrado Sator é anterior ao cristianismo. Agora, se considerarmos a cruz SRNRS/RPNPR, veremos então que as letras restantes formam quatro palavras que são exatamente iguais, e isso faz muito mais sentido. Vejam:

ATEO, escrita em sua forma antiga. Além disso, as quatro palavras **ATEO se inserem perfeitamente numa Cruz Templária**.

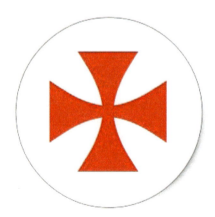

E não é só isso! Há algum tempo foi achada a seguinte pedra:

E o que chama atenção nela é a inscrição SRNPR com o sinal que indica a direção dessas letras no Quadrado Sator, e uma pequena cruz como uma alusão de que temos que considerar também as letras RPNPR. Então, basta seguir as pistas dessa pedra corretamente e formar a cruz em forma de X no quadrado para que, enfim, se obtenham quatro palavras iguais, que nada mais são do que ATEO.

Mas não seria muito melhor ATOE, ou ainda AEOT, OEAT? Todas elas são anagramas para ATEO, e ATEO é a única dessas "palavras" que faz algum sentido. Por isso que os Sator eram escritos nas portas das casas e foram encontrados muito antes do Cristianismo, como na antiga cidade de Pompeia. Sempre existiram seitas e grupos que adoravam a DEUSA, ou o princípio FEMININO da natureza, fato que se opõe à ideia de TEO (daí, ATEO). Em Pompeia, havia grupos que se reuniam secretamente para adorar o **Sagrado Feminino**, e não era incomum que eles escrevessem códigos nas portas para chamarem atenção somente daqueles que eram capazes de os compreender, como os sinais de reconhecimento dos maçons.

Portanto, ATEO era um código usado por grupos que **não adoravam um deus, mas uma deusa** (como Botticelli e sua adoração à deusa Vênus, ou os Gnósticos com a SOPHIA, que era simbolizada por Maria Madalena), e tais grupos, naquela época, precisavam se camuflar. Ou seja, essa palavra não tinha a conotação que tem hoje. Nesse sentido, os Templários eram ateus que renegavam o deus monoteísta judaico-cristão e muçulmano, mas adoravam uma deusa, a Sabedoria, assim como os alquimistas julgavam primordial o aspecto FEMININO da natureza (a união com o feminino gerando o Andrógino Alquímico). Isso significa que as terríveis acusações feitas contra os Templários tiveram um fundo de verdade, e existem sim fortes indícios de que eles realmente pisavam e cuspiam na cruz, além de negarem a divindade de Jesus, considerando-o apenas um homem sábio, nada mais... O que não é de se estranhar, pois foram eles que descobriram a prova substancial de que a ressurreição fora uma mentira descarada, a maior já contada até hoje.

E quanto àquela estória de que os Templários, na verdade, descobriram o Santo Graal, que é o corpo de Maria Madalena? Não faz nenhum sentido, pois há um furo grande nela. Todos os relatos dizem que Maria Madalena levou o Graal para o Sul da França e lá ela viveu o resto dos seus dias. Uma das histórias, aliás, diz que ela foi morar em Rennes-le-Château, que era chamada de Rhedae na época em que os visigodos viviam por lá.

Então, se ela faleceu na Europa, **como os Templários poderiam ter descoberto o seu corpo em Jerusalém?** Além do mais, todas as antigas populações do Sul da França sabiam que ela estava enterrada lá. Há até duas igrejas que reivindicam seus restos mortais. Além disso, as lendas do Graal não dizem que ele voltou para sua terra natal. E, se Maria Madalena fugiu de lá porque corria risco de vida, não faz sentido que ela voltasse. Por que será que ninguém nunca percebeu esse furo?

Agora, quanto ao corpo de Jesus, esse sim nunca migrou para a Europa.

Por fim, vamos à última evidência sobre a cabeça. Existe um relato estranho de que a maioria das ossadas de Templários que já foram achadas continha um buraco no crânio. Alguns suspeitam que esse crânio perfurado era um indício de que eles praticavam a Trepanação, mas essa prática bizarra foi uma antiga crença supersticiosa, e já vimos que os Templários eram práticos demais para terem adotado tais métodos em seus rituais. A verdade é que eles copiaram os Merovíngios, que agiam assim simplesmente para lembrar que a cabeça do fundador de sua linhagem, Jesus, estava guardada em algum lugar da Terra Santa. Então, o que os Templários fizeram foi marcar os crânios de seus falecidos membros como um **sinal reminiscente do tesouro que protegiam.**

Recapitulando, vimos que o quadro *Os Pastores da Arcádia* retrata o fiasco da estória da ressurreição de Cristo por meio da sombra que Judas projeta no túmulo, que lembra a **foice da morte apontando para a cabeça,** e da frase *ET IN ARCADIA EGO*, que significa INRI. Também vimos que Salai foi pintado nessa obra para representar o descendente de Jesus e a Linhagem Sagrada, além de ele também apontar para a cabeça com uma cara fúnebre e estar pisando sobre a Pedra Fundamental da Igreja Católica, e que ele é o segredo para se decifrar o enigma de Shugborough Hall, que é SALAI 666, pois essa é a chave principal de Leonardo. Entretanto, se Salai foi pintado na obra de Poussin, **como o padre Saunière não colocou nenhuma referência a ele em sua igreja**, já que esse clérigo supostamente decifrou toda a obra?

Ah, essa é uma ótima pergunta!

Códigos e Manuscritos

Em 1781, o padre Antoine Bigou, que era o pároco responsável pela aldeia de Rennes-le-Château naquela ocasião, mandou gravar o epitáfio da proprietária daquelas terras, Marie de Négri-d'Ables, a Marquesa de Blanchefort, no ano em que ela morreu, do seguinte modo:

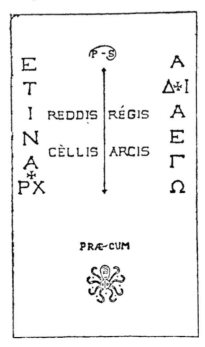

DA VINCI REVELADO

Aliás, o desenho dessa lápide estava num documento dos *Dossiers Secrets* atribuído a alguém que usou o pseudônimo de Antônio, o Eremita (ou Santo Antão), e veremos logo mais que esse santo será relevante. Sobre a lápide, trata-se de uma das famosas pedras tumulares de Rennes-le--Château, que ficavam no cemitério desta aldeia. Dizem que Saunière vandalizou seu conteúdo para que ninguém pudesse ler o que estava escrito nela. Mas o que Saunière não sabia é que o epitáfio já havia sido copiado em outro lugar. Por isto temos ciência dele. Mas como poderíamos decifrar um texto desses? Por onde começaríamos?

Bom, que tal pelas **anomalias** do texto? E quais são elas? Primeiro, há a frase *ET IN ARCADIA EGO* escrita verticalmente em **caracteres gregos** nas duas extremidades. Além de isso denotar uma conexão com o quadro de Poussin, o fato de a frase estar escrita em grego, o que é incomum, deve ter alguma relevância. Depois, a seta na vertical que separa o epitáfio ao meio parece dividi-lo em duas metades simétricas, **como se fosse um espelho**. A evidência é que há duas cruzes, uma em cada parte da frase *ET IN...*, que aparecem após a quinta letra de forma simétrica. Tal espelhamento também deve ter relevância. E as palavras REDDIS/ CÈLLIS que estão na primeira metade, além de serem parecidas, **contêm cada uma seis letras**. Já as palavras da segunda metade, RÉGIS/ARCIS, possuem ambas cinco letras e só têm como semelhança a **terminação IS**. E, como o tal IS também aparece no final das palavras da primeira metade, suponho que deve ser uma pista.

Ainda sobre essas palavras, há uma forte anomalia na acentuação que elas possuem, pois, como sabemos, **palavras latinas não são acentuadas**. Além do mais, um acento está voltado para a esquerda na primeira metade, enquanto o outro, na segunda metade, se volta para direita. Eis uma **outra evidência do espelhamento**, e isso certamente é mais outra pista.

Já a frase PRAE-CUM, que aparece embaixo, intriga, porquanto as letras AE estão ligadas. Claro que esse ligamento foi usado na Antiguidade e na Idade Média, mas não na época de Antoine Bigou. Portanto, ele também é uma dica.

Finalmente, sobre aquele PS que aparece em cima, possivelmente pode ser uma abreviatura de Priorado de Sião, mas, como cada letra está **gravada em cada metade** e há uma **estranha curva** circundando-as, suponho que temos de nos ater a isso também. Pelo fato de a seta servir como um espelho e os acentos contrários lembrarem os sinais matemáticos **positivo e negativo**, o segredo consta em **eliminar as letras iguais e correspondentes de cada metade**. Como as duas metades são correspondentes, primeiro temos que converter as seis letras das palavras do primeiro lado para ficarem com o mesmo número de letras das palavras do segundo, que é 5. Isso só será possível se considerarmos que o DD, de REDDIS, e o LL, de CÈLLIS, são **numerais romanos**. Como o D é 500, DD é igual a 1.000, que é **M**, em romanos. Portanto, o **REDDIS agora se transforma em REMIS**. Com o LL é a mesma coisa. L é 50, e LL é 100, ou **C**, em romanos. Então, **CÈLLIS passa a ser CÈCIS** após a transformação. E *voilá*! Agora temos palavras com cinco letras de ambos os lados!

P – S

REMIS   RÉGIS

CÈCIS   ARCIS

PRAE - CUM

O próximo passo consiste em eliminar o È com o É, pois são como o **negativo e o positivo**, depois eliminamos um R com outro, um C com outro e, é claro, todos os IS.

P – S

~~REMIS~~   ~~RÉGIS~~

~~CÈCIS~~   AR~~CIS~~

PRAE - CUM

Então, o que sobra na primeira metade é a palavra CEM e, na segunda, GRA. Isto indica que estamos no caminho certo, já que o CEM é simétrico ao CUM, de PRAE-CUM, na segunda metade...

P – S

CEM   GRA

PRAE - CUM

Por causa disso, repete-se o processo, adicionando o PRAE ao CEM no primeiro lado; e o CUM ao GRA no segundo. Daí se elimina o C com o C, o M com o M, o R com o R, e o A com o A, restando, então, PEE de um lado e GU do outro.

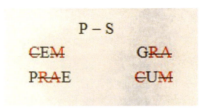

Agora chegou a vez das letras PS, pois cada uma está numa metade. Mas, em vez de colocar o P com PEE, coloca-se o S, por causa daquela curva. Ela indica claramente que se deve levar o S para o primeiro lado, o que faz pensar que o P, obviamente, deva ir para o segundo. A curva, então, serviu para indicar que se deve utilizar o processo inverso nesta etapa, o que nos dá agora PEES de um lado e GUP do outro. Finalmente, é só eliminar os Ps, e o resultado será **EES-GU**.

Basta agora se concentrar nas anomalias para terminar, recordando que elas são a escrita grega, o ligamento AE e a terminação IS das quatro palavras. Como o que sobrou foram cinco letras; três estão de um lado e duas do outro, obviamente a pista só pode estar no ligamento AE, de PRAE, da primeira metade, o que alude que ele tem que ser trabalhado com o EES. E, justamente pelo fato de o A estar unido ao E, o que não foi à toa, e só haver letras Es como vogais na primeira parte, é óbvio que temos que fazer uma substituição dos Es pelos As. Então, o **EES automaticamente se transforma em AAS**.

Quanto à anomalia IS, ela se encontrava nas duas metades, mas só dá para trabalhar com ela na primeira, que tem um S, pois, na segunda, que possui as letras GU, não há nenhum S ou I. Conclui-se isso porque, da mesma forma que o ligamento sugere a substituição do E pelo A, a repetição do IS na terminação das quatro palavras indica que, onde há I, substitui-se por S, ou vice-versa. E, como só há um S em AAS, a primeira parte passa a ser **AAI**.

Quanto ao GU...

O alfabeto grego! A resposta só pode estar no alfabeto grego! **Por isso, a frase *ET IN*... foi escrita em grego.** E o alfabeto grego, usando os nossos caracteres, é: A B G D E Z H Q I K L M N X O P R S T U F C Y W. Agora é só colocar outro alfabeto idêntico emparelhado embaixo, de modo que o S fique perfeitamente alinhado com o I, por causa da terminação IS. Vejam:

A B G D E Z H Q I K L M N X O P R S T U F C Y W
k l m n x o p r s t u f c y w a b g d e z h q i

O de baixo é o cifrado, é claro. Por meio dele, constatamos que o g é o S e o u é o L. Se fizermos o I do de baixo corresponder ao S do de cima, dá no mesmo.

A B G D E Z H Q I K L M N X O P R S T U F C Y W
p r s t u f c y w a b g d e z h q i k l m n x o

Porém, desta vez o G é o s e o U é o l. Ou seja, **deu exatamente o mesmo resultado**, porém invertido, ou **espelhado**, e isso é muito interessante. **Não há dúvidas de que o GU é SL mesmo**.

Concluindo, as letras EES – GU foram decifradas como **AAI – SL**.

AAI – SL?! É igual a... **SALAI?!**

Como na pedra tumular da Marquesa de Blanchefort estava gravada a inscrição *ET IN ARCADIA EGO*, é claro que Salai deveria constar nela, já que vimos que **ele se encontra no quadro de Poussin**. Tudo está conectado! E olha que ainda tem a **questão do espelhamento** nisto tudo. Então Poussin, George Anson e Antonie Bigou se basearam única e exclusivamente em Leonardo? Correto! Como o artista temia pela sua vida e quase foi morto naquela acusação de 1476, ele não foi bobo, e quatro anos depois, quando Salai nasceu, tratou de colocar o segredo do Sangreal em suas obras a fim de perpetuá-lo, caso algo acontecesse a eles. E é incrível como que o AAI – SL está separado direitinho. **As vogais de um lado, as consoantes do outro**.

Além disso, aquelas cruzes após a quinta letra de *ET IN...* informam a ordem certa de colocar as consoantes SL em AAI para formar a palavra SALAI. Sendo assim, Antonie Bigou deve ter sido um gênio para ter elaborado um enigma tão bem bolado. Provavelmente ele soube do segredo por intermédio da Marquesa de Blanchefort, pois era o seu confessor. E, quando ela morreu, Bigou não teve escolha a não ser perpetuar o segredo de Salai, da Linhagem Sagrada e do quadro de Poussin no epitáfio dela. No entanto, não foi ele quem inventou o método do enigma. Ele só copiou o processo, apesar de ter sido deveras criativo.

E quem foi que o inventou? Um grande artista, que vocês conhecem mui bem, mas que desta vez não foi o Leonardo. Vamos recapitular aquela história de quando o padre Saunière achou alguns manuscritos na pedra do altar durante a reforma da sua igreja. Num desses manuscritos, havia dois textos, um de cada lado. Vejam:

Primeiro Texto:

ET FACTUM EST EUM IN
SABBATO SECUNDO PRIMO A
BI REPERSCCETE SAISGIPULIAUTEMILLTRISCOE
PERUNTUELLERESPICASETFRICANTESMANTBUS + MANDU
CABANTQUIDAMAUTEMDEFARISAEISAT
CEBANTEIECCESUIAFACIUNTDISCIPULITVISAB
BATIS + QUODHONLICETRESPONDENSAUTEMINS
SETXTTADEOSNUMQUAMHOC
LECISTISQUODFECITDAUTDAVANDO
ESURUYIPSEETQUICUMEOERAI + INTROIBITINDUMVM
DEIETPANESPROPOSITIONIS   REDIS
MANDUCAUITETUEDITETQUI   BLES
CUMERANTUXUS QUIBUSNO
NLICEBATMANDUCARESINON   SOLIS SACERDOTIBUS

Segundo Texto:

JESVSEVRGOANTCCSEXATPESPASCSHAEVENITPETH9ANTAMVRAT
FVERAOTIAZA·VUSMORTYVVSQVEMMSVSCTYTAVITIYESVSFEACERVNT
LAVIEM·TTCAENAPMTHTETOMARTAAhMINISTRAbATIHLSARUSO
VEROVNXVSERATTE×ATSCOVMLENTATLVSCVJMMARTALERGOACHCEP
TIIKTBRAMYNNGENTTJNARATPFTSTICTYPHETIOVSIETVNEXTIPE
ABESTERVAETEXTESRSTTCAYPIIRTSNSVTSPEPAESERTPIETAOMBESTM
PLFTTAESTECXVNGETNTTOAAEREATXAITERGOVRNVMEXAGTSCTVHL
TSETVTXTVAAXSCARJORTISQVIYERATCVHMTRAATTTVRYSQTVAREHOCCVN
hENVIVMNONXVENŸTTGRECENPATSAENAARVSETAAATVMESGTE
GENTES?ATXTNVFMhOECNONQVSTAAECGAENTSPERRTINEBEAT
AACVTMSEAQVhMFVRELRTETLOVCVIOShCAhENSECAQVAEMVTTIEHA
MCTVRPOTRABETEATXTIEJRGOICShVSSTNEPTELAMVNTTXAIRMS
EPVIGTVRAEMSEAESERVNETILLQVAPAVPJERESENATMSEMPGERHA
HEMTTSNOHLTISCVMFMEAVICTMNONSESMPERHAVBENSCJOGNO
VILTEROTZVRHAMV9LTAEXTMVAACTSTQVTATLOLTCESTXETVENE
ARVNTNONNPROTEPRTESVMETANTVMMSEAVTLVZARVMPVTAER
EH·TQVEMKSVSCTAOVITAMORRTVTSCPOGTTAVKERVNTAHVTEMP
RVTNCTPESSACERCAOTVMVMTETLAZARVMTNATERFICRRENTY
LVTAMYLVTTPROPYTEKILAXVMAHTHONTCXVGT+AETSNETCRCA
AEHANTINIESVM

JESV. MEAELA. VVLNERVM + SPES.VNA. PŒNITENTIVM.
PER. MAGAALAINE. LACHRYMAS + PECCATA. NOSTRA. AILVAS.

O primeiro foi baseado no Evangelho de Lucas; e o segundo, no Evangelho de João. Ambos foram copiados do original pelo próprio punho de Antoine Bigou. No primeiro, alguns pesquisadores perceberam que havia algumas letras destacadas, que são as seguintes...

ET FACTUM EST EUM IN
SABBATO SECUNDO PRIMO A
BIRE PER SCCETES DISCIPULI AUTEM ILLIRIS COE
PERUNT UELLERE SPICAS ET FRICANTES MANIBUS + MANDU
CABANT QUIDAM AUTEM DE FARISAEIS DI
CEBANT ECCE QUIA FACIUNT DISCIPULI TUI SAB
BATIS + QUOD NON LICET RESPONDENS AUTEM INS
SE IX TAD EOS NUMQUAM HOC
LECISTIS QUOD FECIT DAUID QUANDO
ESURUIT IPSE ET QUI CUM EO ERAT + INTROIBIT IN DUMUM
DEI ET PANES PROPOSITIONIS   REDIS
MANDUCAUIT ET DEDIT ET QUI   BLES
CUM ERANT UXUS QUIBUS NO
N LICEBAT MANDUCARE SI NON   SOLIS SACERDOTIBUS

E juntas elas formam a frase *A DAGOBERT II ROI ET A SION EST CE TRESOR ET IL EST LA MORT*, que pode ser traduzida como: *A Dagoberto II, Rei, e ao Sião pertence este tesouro e ele está lá morto*. Dagoberto II é tido como o **último Rei Merovíngio**, que por sua vez foi considerado um **descendente legítimo de Jesus e Madalena**.

Quanto ao segundo texto, a frase que lá foi encontrada é bem mais curiosa. E o texto em si, também. Ele foi baseado em *João capítulo 12, versículos 1 a 11*, que descrevem **aquela visita que Jesus fez à Betânia**, na qual Maria Madalena unge os pés dele com um nardo puro e caro e depois os enxuga com seus cabelos, como se fosse um casamento ritualístico, ou **Hiero Gamos**. Mas como a frase foi descoberta? Os pesquisadores notaram que havia **128 letras a mais no texto**. Usando então um complicadíssimo método de decifração sobre elas, que não cabe ao escopo deste estudo, chegaram à intrigante frase *BERGERE PAS DE TENTATION QUE POUSSIN TENIERS GARDENT LA CLEF PAX DCLXXXI PAR LA CROIX ET CE CHEVAL DE DIEU J' ACHEVE CE DAEMON DE GARDIEN A MIDI POMMES BLEUES*, traduzida como...

Pastor, sem tentação que Poussin, Teniers, guarda a chave; paz 681, pela cruz e este cavalo de Deus eu completo este demônio do guardião ao meio-dia, maçãs azuis.

Mas, independentemente do significado, notem que as palavras que mais chamam atenção são PASTOR, POUSSIN e TENIERS, e foram elas que fizeram Saunière requisitar cópias de uma obra de David Teniers e outra dos Pastores de Poussin. Porém, infelizmente os decifradores pararam por aí, porque **há muito mais coisas para se decifrar no texto**, inclusive no trecho final, que **demonstra ser claramente um código**.

JÉSV. MEDÈLA . VVLNÉRVM ✠ SPES . VNA . PŒNITENTIVM. PER . MAGDALÁNÆ . LACRYMAS ✠ PECCATA . NOSTRA . DILVAS.

Nele também há aquelas palavras latinas acentuadas incorretamente, como no epitáfio. A presença de JÉSU e MAGDALANAE também é curiosa. Além dos acentos, aqui há aquelas cruzes sugerindo um espelhamento e a ligação AE no final de MAGDALANAE, e mais outra no começo de POE-NITENTIVM, só que desta vez entre o O e o E. Enfim, **tudo isso indica que o método de cifragem é similar ao do epitáfio**.

Mas antes uma questão! O que costuma vir destacado no final de uma epístola? **A assinatura do remetente**? Pois bem, analisaremos as anomalias do texto antes de começar a eliminar letras iguais:

Além das 128 letras que serviram para decodificar a frase, existem duas letras gregas maiúsculas, o **alfa e o ômega** (que é um símbolo para Jesus), e outras pequeninas que formam a frase *REX MUNDI*. Tal frase era o título que os gnósticos davam a Jeová e quer dizer *Rei do Mundo*, que para eles era associado ao Demiurgo, o "**Deus do Mal**", do mundo material, portanto a **divindade falsa**. O fato de alfa e ômega estarem juntos com o *REX MUNDI* no texto denota sem dúvida que seu autor quis dizer que Jesus como Cristo foi **uma fraude**. Quanto às outras anomalias, existe um grupo de letras que não estão alinhadas com as demais, pois encontram-se um pouco rebaixadas, também o grupo das que estão um pouco erguidas e, finalmente, um que apresenta letras com a grafia diferente, e são estas que nos permitirão decifrar o trecho codificado. Como?

Aritmética pura e simples! **Soma e subtração**. Das que estão ergui-das, subtraímos suas correspondentes, e das rebaixadas, adicionamos. Mas temos que identificá-las primeiro.

JESVSEVRGOANTCESEXd TPESPASCShaEVENJTPETh9aNTaMVRaT
FVERAOTIAZAOVVSMORTYVVS9VEMMSVSCTYTAVITIYESVSFEACERVNT
LAVIEMOTTCAENAPMTHTETOMARTAAhMINISTRRAbaTLhASARVSO
VEROVNXVSERATTEATSCOVMLENTATILVSCVJMMARTALERGOACh CEP
TTIRTbRAMYNNGENTTJNARATPFISTICTYPhETIOVSIETVNEXTIPE
dbESTERVAETEXTESRSTTCAYPTIRTSNSVTSPEPAESERTPIETAOMBESTM
PLFITAESTEEXVNGEINTTOAAEREATXALTERGOVRNVMEXAGISCTVVHL
TSETVTXTVAAXSCARJORTIS9VITEHATCVHMTRAATTTVRVS9TVAREhOCCVN
hEN VIVMNONXVENVTTGRECENPAISAENA@RVSETAAATVMESGIE
GENTES? AIXTNVTEMPhOENON9VSTAAEEGAENTSPERRTINEhEAT
AACVTMSEA9VhhFVRELRTETLOVCVIOShCAhENSECA9VAEMVTTTEhA
NMTVRPOTRABETEAIXTICRGOLShVSSTNEPTLLAMVNITXATEMS
EPVLGTVRAEMSEAESERVNETILL9VAPAVPJERESENhTMSEMPGERhA
hEMTTSNObLITSCVMFMEAVICTMNONSESMPERhAVbEMSCJOGNO
VITEROTZVRbAMV9LTAEXTMVAACTSTVTATLOLTCESTXETVENE
ARVNTNONNPROTEPRTESVMETANTMMSEAVTLVZARVMPVTAER
EhMT9VEMRSVSCTAOVITAMDRRTVTSCPOGTTAVKERVNTAhVTEMP
RVTNCTPESSACERCAOTVMVMTETLAZARVMTNATERFTCRRENTV
LVTAMYLVTTPROP9TERILAXVMAhThGNTCXVGTAETSNETCRCA
AEbANTNTESVM

NΘ N/IS

JÉSV. MEAÈLA. VVLNÉRVM + SPES.VNA. PŒNITENTIVM.
PER. MAGAALAINA. LACHRYMAS + PECCATA. NOSTRA. AILVAS.

As letras marcadas de azul formam a frase *REX MUNDI*; as de verde são as rebaixadas; e as de vermelho, as erguidas.

As letras erguidas formam a frase *AD GÉNÉSARÈTH*. Como há acentos errados em GÉNÉSARÈTH, está aí uma forte pista de que temos de usá-la para eliminar as letras acentuadas no trecho. Mas notem que o ômega, marcado de marrom, também está rebaixado. No entanto, já vimos que sua finalidade foi a de se juntar ao alfa, que é aquele A maiúsculo marcado de verde. Esta mesma letra, o único A maiúsculo de todo o texto, também terá outra finalidade na decifração. E as marcadas de preto, o S e o I, são as que possuem grafia diferente.

Semelhantes a elas, também há aqueles "is" quase colados e rebaixados marcado de verde. Só que nesse caso o "i" está grafado diferente dos demais, pois também é minúsculo, como o marcado de preto. Agora, vejam uma tabela com todas as letras anômalas que servirão para a decifração do trecho:

Letras erguidas: ADGÉNÉSARÈTH (Grupo A)
Letras rebaixadas: PANI IS ASALN (Grupo B)
Letras com grafia diferente: SI (Grupo C)

O IS foi separado no Grupo B por causa do que foi dito agora mesmo. Sendo assim, vamos começar! Vejam que o único H desses grupos é aquele que está no final do Grupo A. Sua finalidade é se juntar ao SI do Grupo C para formar o **monograma de Jesus Cristo, IHS**. O IHS se associa perfeitamente com o alfa e ômega e com o *REX MUNDI*, que já vimos. E, como já eliminamos o Grupo C e uma letra do Grupo A, vamos trabalhar agora com o Grupo B. Para isto, focaremos aquele símbolo incomum acima do trecho:

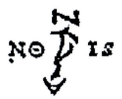

Nele se encontra a palavra SION, de *Priorè de Sion*, **espelhada**. E, dependendo do ângulo, também se pode ler MONA LISA. Sempre as conexões com Leonardo... Além disso, este símbolo é imprescindível para se trabalhar com o Grupo B. Por exemplo, notem que nele há a letra A maiúscula, de cabeça para baixo. Isto já nos informa que devemos eliminar o A maiúsculo do grupo. Veja também a presença do IS. Tiramos aquele IS do Grupo B também (por isso, estava diferente). E o mesmo será feito com as duas letras N, o que nos sobra agora PAISAL no Grupo B, ou... **P SALAI**.

Como se fosse **Príncipe Salai**?!

Poderia até ser...

Quanto aquele O que sobrou no símbolo, como já vimos, no primeiro texto também havia grupos de letras anômalas; as erguidas, que serviram para formar a frase *A DAGOBERTO II...*, e somente uma rebaixada, que é exatamente igual a esse O (que tem tipo um ponto no centro).

Como os dois textos se encontravam num mesmo manuscrito, é claro que devem estar relacionados entre si. Sendo assim, já podemos trabalhar com o ADGÉNÉSARÈT e com o P.SALAI diretamente no trecho. Mas antes, assim como no epitáfio, temos que igualar o número de letras nos dois grupos de frases, já que as cruzes sugeriam o espelhamento:

Da primeira linha, na primeira frase, existem 18 letras; na segunda, 19.

Da segunda linha, na primeira frase, temos 21 letras; na segunda, 19.

Primeira Linha:

Como se deve eliminar os três Es acentuados da primeira frase por meio de ADGÉNÉSARÈT, temos que repô-los com três letras de PSALAI para manter o número 18, porque ele é a quantidade da frase que primeiro aparece, o que certamente é uma pista (além dele ser um múltiplo de 9 e a soma total de seus algarismos também dar 9).

Na segunda frase, que tem 19 letras, temos que colocar as outras três de PSALAI e retirar mais quatro por meio de ADGÉNÉSARÈT para dar 18.

Segunda Linha:

Na frase de 21 letras, deve-se retirar 3 por meio de ADGÉNÉSARÈT (que até então tinha ficado com 4 letras); e na de 19, a última que restou do grupo A.

Pronto! Todas as frases agora têm 18 letras. Confiram todo o processo na tabela a seguir:

JÉSU.MEDÈLA.VULNÉRUM   +   SPES.UNA.POENITENTIUM
PER.MAGDALANAE.LACRYMAS   +   PECCATA.NOSTRA.DILVAS

Desenvolvimento:

JÉSU.MEDÈLA.VULNÉRUM - ADGÉNÉSARÈT = JSUMEDLAVULNRUM + 3 de PSALAI =
JSUMEDLAVULNRUMPSA (18 letras)
SPES.UNA.POENITENTIUM – ADGNSART = PESUPOENITENIUM + LAI = **PESUPOENITENIUMLAI** (18
Letras)
PER.MAGDALANAE.LACRYMAS – DGAR = **PERMAALNAELACRYMAS** (18 letras)
PECCATA.NOSTRA.DILVAS – R = **PECCATANOSTADILVAS** (18 letras)

Claro que excluí as letras aleatoriamente, o que não importa, desde que sigamos a mesma lógica para se manter o número 18 em cada frase. Vejam que interessante o que acontece, se juntamos as frases da primeira linha em um grupo e o emparelhamos acima de outro formado pelas frases da segunda linha:

Vermelho: primeiro grupo / Verde: segundo grupo

```
J S U M E D L A V U L N R U M P S A
P E S U P O E N I T E N I U M L A I
P E R M A A L N A E L A C R Y M A S
P E C C A T A N O S T A D I L V A S
```

Incrível! Nas colunas, formam-se padrões! Por exemplo, na 1ª, 2ª, 8ª e 17ª, há os padrões JPPP, SEEE, ANNN e SAAA, respectivamente. Na quinta e na última, temos EPAA e AISS. E, na 7ª e na 11ª, temos LELA e LELT.

Agora sim ficou clara a função daquelas cruzes. O que significa que estamos no caminho certo. Sendo assim, chegou a hora de eliminarmos as letras correspondentes entre os dois grupos, assim como fizemos no epitáfio. Vejam como fica:

```
J S U M E D L A V U L N R U M P S A
P E S U P O E N I T E N I U M L A I
- - - - - - - - - - - - - - - - - - -
P E R M A A L N A E L A C R Y M A S
P E C C A T A N O S T A D I L V A S
```

A letra O do primeiro grupo não foi eliminada com a do segundo porque ela estava ligada ao E, e isto aconteceu porque temos dois desses ligamentos entre letras, cada um em um grupo. Como ambos possuem um E comum, só se elimina essa letra. Por isso, ela foi grifada de verde. Logo veremos que isso faz sentido. Agora vamos ver as letras que sobraram, em ordem alfabética:

J M UUU + E II N O P UU (Primeiro grupo)

AAA C R Y + AAA CC O T (Segundo grupo)

Assim ficou aquele trecho.

Agora entram os ligamentos OE e AE. Como ambos possuem uma letra comum, o E, e como o OE estava na primeira linha e o AE na segunda, façamos o seguinte: onde há O na primeira linha e A na segunda, substituem-se pelo E, tal como na figura a seguir.

J M UUU + E II N E P UU

EEE C R Y + EEE CC O T

Prosseguindo com as eliminações de letras iguais entre as duas linhas:

J M UUU + ~~E~~ II N ~~E~~ P UU

EEE C R Y + ~~EEE~~ CC O T

Temos, então:

J M UUU + II N P UU

EEE C R Y + E CC O T

Percebe-se agora que a função dos ligamentos realmente era para ser um código, pois em todo o texto, que está em latim, não há um único A ou O ligado ao E, a não ser no trecho final. Aliás, tal ligamento não era mais usado na época de Antonie Bigou. Todavia, o trecho continua incompreensível. Então qual é o segredo?

Vejam que a mensagem que sobrou possui exatamente 22 LETRAS, 11 na primeira linha e mais 11 na segunda. O mais importante é que o número 7 está impregnado por todo o segundo texto do manuscrito. Por exemplo, as 128 letras a mais que deram origem à frase PASTOR, SEM TENTAÇÃO... estão praticamente separadas de **sete em sete letras**. Até algumas palavras do texto chegaram a ser adulteradas para que seguissem tal métrica. Outra pista se encontra em ADGÉNÉSARÈT. Suas letras estão separadas **de sete em sete**, do mesmo modo. Daí, pode-se concluir que o número 7 é a **última chave** de que precisávamos. E, somando-se isso com as 22 letras que sobraram, o segredo é pegar um alfabeto de 22 letras e aplicar, agora sim, a Cifra de César, descolando-se o alfabeto original em apenas sete letras.

O alfabeto de 22 letras ainda será o latino antigo? Nesse caso, não. Sabem as 128 letras?! Pois elas contêm todas as letras do nosso alfabeto, **menos o W**. Foi assim que os decifradores **descobriram que se deveria usar um alfabeto de 25 letras, sem o W**, para desvelar a frase que cita Poussin e Teniers.

Quer dizer então que se deve usar o nosso alfabeto? Exato! Mas por que considerá-lo com apenas 22 letras? Do mesmo modo que as 128 letras foram uma pista para se retirar o W, a pista para se retirar mais 3 letras se encontra em outras duas anomalias que estão no texto: trata-se daqueles dois símbolos que se encontram acima e abaixo do texto, como se fossem duas cruzes inseridas num círculo:

Mas como eles poderiam nos ajudar a retirar três letras do alfabeto? O que está inserido no círculo não são cruzes?! Por acaso vocês já repararam como **as letras V, K e X são parecidas**? Se pegarmos o X e cortá-lo ao meio pela horizontal, teremos a letra V. Mas, em vez disso, se o cortarmos ao meio, verticalmente, é o K que aparece. Por isto é que parecem cruzes, porque são os traços horizontal e vertical que cortam o X para obtermos o V e o K. Prova disso é aquela leve diferença do símbolo inferior. Dependendo do jeito que o virarmos, **iremos ver perfeitamente essas três letras**. Muito imaginativo! Os símbolos do manuscrito servem única e exclusivamente para eliminar letras.

Diante disso, obtemos, por fim o nosso alfabeto de 22 letras. Aqui está ele, sem o V, o K, o X e o W:

A B C D E F G H I J L M N O P Q R S T U Y Z

Agora é só aplicar César deslocando-se sete letras. Confiram o resultado:

A B C D E F G H I J L M N O P Q R S T U Y Z (Antes da Cifra de César)
q r s t u y z a b c d e f g h i j l m n o p (Após a Cifra de César)

J M UUU   + II N P UU
EEE C R Y + E CC O T, e depois da substituição:

J M UUU + II N P UU
uuu s j o + u ss g m (segunda linha após ser transformada pela Cifra de César).

Aí está! Como podem ver, a linha do trecho escolhida para se fazer a substituição foi a segunda, porque ela continha a letra Y, o que é pouco usual de se encontrar numa mensagem. Ou seja, a probabilidade de se mexer na segunda linha é maior por causa desse Y. E o caminho é este mesmo. Basta verificarem como as letras U coincidiram nas duas linhas. Além do J, que agora aparece na primeira parte das duas, é claro. Excluindo-se então as letras iguais das duas linhas:

J M UUU + II N P UU
J O S UUU   +   G M SS U

Finalmente, o trecho final fica igual a:

II N P U
O S + G SS

Hum... Parece um anagrama...

SIG POUSSIN

SIG. POUSSIN, ou melhor, ASSINADO, POUSSIN?! Então o manuscrito foi **assinado por Poussin**?

Fascinante! Sobre o anagrama, bastou só alternar a ordem de pegar as letras no trecho final. Primeiro, foi o S da primeira parte da segunda linha, depois o I da primeira linha (que só tem uma parte), então o G da segunda parte da segunda linha, a seguir o P da primeira, o O da primeira parte da segunda, o U da primeira, o que restou da segunda (o SS da segunda parte) e, finalmente, o que sobrou na primeira linha, que é o I e o N.

Até as partes da segunda linha se alternaram com precisão! Elementar! Dá até para refazer passo a passo e com tranquilidade o modo que Poussin elaborou para camuflar sua assinatura. E SIG realmente significa ASSINATURA... O fato de SIG. POUSSIN estar no **final da carta, no lugar correto onde uma assinatura deve estar**...

Quer dizer então que quem escreveu este manuscrito foi o próprio Nicolas Poussin? Precisamente! Porém é uma cópia, e não a carta original. Possivelmente, a Marquesa de Blanchefort deve ter tido a original que Antoine Bigou copiou com uma caligrafia carolíngia levemente grosseira na ocasião da morte dela. Pouco importa... O mais importante é que é bastante provável que este documento seja uma cópia de um suposto anexo da famosa epístola que Nicolas Poussin, por intermédio de Louis Fouquet, enviou para Nicolas Fouquet. A epístola que o condenou para sempre a uma máscara de ferro ao ser interceptada pelo Rei Luís XIV.

Todavia, há um aparente incômodo. Poussin não era contemporâneo de Teniers? Sim, mas isso não é empecilho. Embora as obras relevantes de Teniers nesses mistérios tenham sido pintadas em meados da década de 40 do século XVII, a carta de Louis Fouquet estava datada como 1656, ou seja, alguns anos depois. Além disso, Poussin viveu mais umas duas décadas após a conclusão dos trabalhos de Teniers, que logo estudaremos. Portanto, é perfeitamente compreensível que ele já tivesse conhecimento suficiente das obras de Teniers na ocasião em que redigiu o manuscrito. E, mesmo que não fosse o anexo da carta de Fouquet, ainda assim é um documento importantíssimo, de **inestimável valor histórico**. Documento esse que gerou tanta confusão e discórdia que parece mesmo estar amaldiçoado. Foi ele que fez o padre Saunière requisitar a cópia do quadro de Poussin, pois o artista citou a si mesmo, além de assumir a autoria do texto assinando-o (fato que Saunière soube quando decifrou os manuscritos em Paris), o que levou o pároco a descobrir os mais recônditos segredos de Leonardo e da linhagem do Graal, transferindo-os assim para a mais estranha simbologia já vista em uma "Casa de Deus", como o **diabinho** da entrada. O diabinho é VERMELHO e veste uma túnica VERDE, está fazendo o DEXTRUM GENUS ao posicionar sua mão esquerda no joelho direito, **além da conexão com Salai, é claro, já que esse nome significa diabinho**.

Viram como tudo se encaixa perfeitamente?!

A pedra tumular da Marquesa de Blanchefort continha a inscrição ET IN ARCADIA EGO, e sua decifração provou que Salai era o significado dela, o que não poderia deixar de ser, uma vez que Salai é o personagem central de *Os Pastores da Arcádia*, quadro esse de Poussin, que, como o EPITÁFIO da pedra TUMULAR (que são **temas fúnebres**), contém um TÚMULO com a mesmíssima inscrição ET IN ARCADIA EGO! Daí Saunière decodifica um manuscrito **assinado pelo próprio Poussin** com a ajuda de um alfabeto especial de 22 letras (fato que o fez colocar tal número em toda simbologia da sua igreja), e em seguida vai ao Louvre para requisitar uma cópia de um quadro *adivinham de quem*?! De Poussin, tomando ciência enfim do maior segredo de Leonardo da Vinci (o descendente legítimo da Linhagem do Graal, Salai), segredo esse que o fez colocar um "diabinho" na entrada da sua igreja. E está tão na cara que o diabinho é Salai mesmo que, dependendo do ângulo de que se olha para ele, até uma referência ao "Cavalo de Leonardo" o pároco fez questão de colocar:

Irrefutável!

Leonardo da Vinci é a fonte primordial. Foi por intermédio dele que todos descobriram o segredo do Graal. Poussin pintou a segunda versão dos *Pastores da Arcádia* com uma aparente simbologia maçônica, como o túmulo, a cabeça perfurada de Hiram Abiff e o aviso sobre a morte iminente, simplesmente para atrair os Iniciados, convidá-los a tentar desvendar o maior segredo da história. A Marquesa de Blanchefort, uma mulher rica e poderosa, dona de uma propriedade que contém os mais incríveis tesouros, deve ter usado suas fortes conexões com maçons ilustres para ter conseguido a carta de Poussin. Seu confessor, o padre Bigou, nos fez a gentileza de ter mantido uma cópia da carta ocultada num dos pilares da **Igreja de Maria Madalena**. Ele deve ter pressentido os perigos que a Revolução Francesa, que era iminente naquela ocasião, poderia trazer, se tais segredos caíssem em mãos erradas. Daí o motivo de esse caleidoscópio de mistérios e enigmas ser tão bem elaborado. Ainda bem que o padre Saunière conseguiu decifrá-los. Graças a ele e ao trabalho de desinformação de alguns membros do Priorado de Sião, que colocaram cá e acolá pistas verdadeiras e falsas, como os conturbados *Dossiers Secrets* e suas polêmicas declarações e entrevistas, é que sabemos de todo o mistério hoje. Só mesmo um gênio como Poussin para ter criado o complexo método de cifragem do manuscrito. Ele foi um grande erudito, um polivalente que dominava muito bem a matemática.

Agora falaremos finalmente sobre a **localização** do verdadeiro tesouro dos Cavaleiros Templários, **os restos mortais de Jesus Cristo** (o cenário do Baco de Leonardo e dos Pastores de Poussin). Trata-se de uma cidade localizada no coração da Itália, próxima a Roma. E não é um lugar qualquer! Uma miríade de símbolos e mistérios intrincados se encontram nela, que **foi projetada para ser a própria cidade dos Templários, a Nova Jerusalém**. Prova disso é que veremos que tal sítio é conhecido como a *Cidade dos 99*, e foi renegada dos livros de história, de modo que duvido que já tenham ouvido falar dela. Isso, é claro, teve um propósito. Lá aconteceu o triste episódio do Papa mais incomum e controverso da história do cristianismo, o Papa Celestino V, o da outra pintura que Saunière requisitou no Louvre, e isso tem tudo a ver com a Cidade dos 99. Enfim, o melhor ainda está por vir...

O Eremita

Primeiro vamos recapitular a história das cópias dos três quadros que o padre Saunière adquiriu. Como vimos, ele descobriu referências relacionadas aos pintores Poussin e Teniers após decifrar a carta assinada pelo próprio Poussin. Mas e quanto ao quadro do Papa Celestino V, como foi que Saunière chegou a ele? O que mais impressiona é que nenhum pesquisador fez essa pergunta. Se tivessem averiguado melhor tal questão, já teriam solucionado o mistério, uma vez que **só há um lugar na Terra que se relaciona ao Papa Celestino: a "Cidade dos 99"**.

Os pesquisadores ficaram ocupados demais com os *Pastores da Arcádia*, mas a resposta mais óbvia, de vez em quando, é a mais difícil de ser encontrada. Se alguém tivesse se perguntado "Por que Celestino V?", tudo teria se resolvido. Enfim, vamos ver como o Saunière chegou a esse Papa. Para isso, estudaremos três obras de um prolífico pintor, contemporâneo de Poussin, o flamengo David Teniers, dito "o jovem". Todas elas possuem como tema passagens da vida de Santo Antão, ou Antônio Eremita, se preferirem.

Antão foi um dos "padres do deserto", famoso pelas descrições de como o diabo o tentou em diversas situações, de acordo com a biografia escrita por Atanásio de Alexandria. Por esse motivo, a palavra TENTAÇÃO aparece na frase do manuscrito de Saunière que cita Teniers e Poussin. Aliás, a escolha desse santo pelo pintor flamengo tem mais a ver com o seu dia que com as tentações que sofreu, daí o motivo de aparecer a frase SEM TENTAÇÃO, no manuscrito.

E qual é o dia dele? Santo Antão é comemorado no dia **17 de janeiro**. E o que essa data tem de tão especial? Ora, é **o primeiro dia do ano cuja soma dos algarismos resulta em 9**, já que 17/01 é o mesmo que 1 + 7 + 1 =

9. O símbolo alquímico para o Iniciado é o Andrógino (**contrários reunidos num ser só**). Esotericamente, seu número é o 9; O deus de janeiro é Jano, ou Junos, que tinha duas faces, uma olhando para a frente e a outra para trás (**novamente os contrários reunidos num ser só**); 17 é o primeiro número primo que, somado a janeiro (1), resulta no número 9 (1 + 7 + 1 = 9). Então podemos dizer que 17 de janeiro é o 9 oculto, que é o objetivo do Adepto, o Santo Graal, a Pedra Filosofal...

Mas não seria mais óbvia a escolha da data 08/01? Por acaso iriam os Iniciados escolher uma data banal como o código do seu número mais sagrado?! É claro que não! Por esse motivo, o que eles fizeram foi adotar o número 17, que é o primeiro NÚMERO PRIMO cuja soma com o 1 de janeiro resulta em 9. Os números primos sempre tiveram importância capital entre os místicos, cientistas e iniciados, uma vez que são os "Átomos da Matemática". Não é à toa que o dia 17 de janeiro sempre é mencionado nos mistérios que se referem ao Priorado de Sião. Só para citar alguns exemplos, foi exatamente nesse dia, em 1382, que o alquimista Nicolas Flamel, que também foi Grão-Mestre do Priorado de Sião, alegou ter tido êxito na Transmutação Alquímica, segundo ele mesmo escreveu. Ora, a Transmutação nada mais é do que a união dos opostos, das contradições, **simbolizada pelo número 9**. Percebem aí como Flamel se utilizou do código 17/01?!

Ainda falando em Alquimia, o grande escritor Victor Hugo, que foi **outro Grão-Mestre do Priorado**, principia sua obra *Notre Dame de Paris*, popularmente conhecida como *O Corcunda de Notre Dame*, repleta de simbolismo esotérico e alquímico, no dia 6 de janeiro de 1482, dia da Epifania, **cem anos após Flamel ter logrado a Transmutação**. Só que, neste caso, o segredo se esconde na própria época em que o romance foi escrito, ou seja, em 1831. Sabem por quê? É que, de acordo com o Calendário Gregoriano, que entrou em vigor no ano de 1582, a data que Victor Hugo utilizou em seu romance, que é de cem anos anterior a essa reforma, **deveria ser convertida para 17 de janeiro na época dele**. Aí está mais uma referência oculta ao número 9 e suas conexões com a Alquimia.

O pároco de Rennes-le-Château, Bérenger Saunière, sofrera um derrame que o levou a morte nesse famigerado dia. O estranho é que ele não demonstrava o menor traço de estar mal de saúde. Mesmo assim, sua governanta encomendou seu caixão exatamente nesse dia. Parece algo planejado, não?! Por causa disso é que em Rennes-le-Château o dia 17 de janeiro é um dia festivo, em que muitos esotéricos e amantes da lenda do Graal se encontram para debater sobre os mistérios da região e do padre.

Dezessete de janeiro foi o dia em que a **Marquesa de Blanchefort faleceu**, segundo consta inscrito numa de suas pedras tumulares, o que não deixa de ser interessante o fato de Antoine Bigou ter feito a outra lápide baseada no enigma SALAI, pois vimos, por meio dos códigos de Leonardo, que **Salai é igual a 666, ou 9.**

Dezessete de janeiro é o dia comemorativo de Saint-Sulpice, cuja igreja em Paris **sempre esteve associada aos membros do Priorado de Sião**, sendo lá que Victor Hugo se casara, em 1822. Também foi lá que o padre Saunière, durante sua jornada parisiense, se encontrara com alguns clérigos e intelectuais que o ajudaram a decifrar os manuscritos achados em sua igreja em Rennes-le-Château. Em seguida, o padre teria voltado a sua terra munido de algumas pinturas, entre elas uma que retrata a figura de **Santo Antão**, cujo dia é comemorado em **17 de janeiro.**

Alguns documentos dos famosos *Dossiers Secrets* foram datados no dia 17 de janeiro. Os mesmos *Dossiers Secrets* que diziam ser Grão-Mestres de uma enigmática sociedade secreta, **Nicolas Flamel e Victor Hugo**, que possuem conexões com o 17 de janeiro, como foi visto.

Por fim, o arcano de número 17 do tarô retrata uma mulher segurando vasos, ou taças, que poderiam ser uma alusão ao Graal. Mas, de acordo com sua iconografia, também poderia aludir ao **Signo de Aquário, que se inicia em janeiro.** Outra vez uma conexão entre o Graal e o 17 de janeiro.

Apesar de serem interessantes essas conexões, o importante aqui é estabelecer a relação entre os quadros de Teniers e o código 9. Contudo, outro fato que levou o artista flamengo a escolher Santo Antão foi porque esse "padre do deserto" ser considerado o pai de todos os monges e o **fundador do monaquismo cristão**, já que sua vida religiosa foi inteiramente devota ao eremitismo, daí ele também ter sido chamado de Antão, o Anacoreta, ou Antônio, o Eremita, e a palavra EREMITA é a chave! Eremita! Não terá sido à toa essa figura ser a **NONA CARTA** do tarô:

É essa figura quem nos levará, mesmo que indiretamente, ao Papa Celestino V, o **Papa Eremita**. Mas existe alguma conexão direta entre as obras de Teniers e esse Papa? Claro que existe, e é isso o que veremos agora. Vamos à primeira pintura:

Indubitavelmente, é uma pintura bastante simbólica. Ela descreve o encontro que aconteceu entre Antão e Paulo de Tebas no deserto, conforme São Jerônimo relatou. Paulo de Tebas foi um anacoreta mais velho e mais perfeito do que Antão, segundo a visão do autor da *Vulgata*, daí o fato de esse asceta ter sido chamado de "O Príncipe dos Eremitas" por ele. Apesar dos atributos comuns na iconografia desses dois Santos, pode-se dizer que a pintura também possui uma discreta simbologia **maçônica e alquímica** por causa das presenças do cadinho, dos frascos, dos livros e da caveira, além daquela ampulheta. Todos esses símbolos estão relacionados com a morte e com a ressurreição por meio da **Transmutação, do 9**. Aliás, tal simbologia alquímica e maçônica foi usada como um chamado, um convite aos iniciados para que estes tentassem decifrar o que havia de mais revelador nestes trabalhos. O que se assemelha a como Poussin havia feito nos *Pastores da Arcádia*. Todavia, tais objetos são corriqueiros na iconografia desses ermitões. Felizmente isso não entra em contradição com a nossa análise, muito pelo contrário. Logo vocês perceberão que a escolha desses cenobitas foi mesmo um **golpe de mestre**. É como aquele recurso da dupla interpretação, ou da falsa aparência, que Leonardo utilizou: uma mensagem por trás da outra, a verdadeira ocultada pela aparente. E é a verdadeira, claro, que nos interessa.

Mas, voltando à pintura, o que há de mais grave nela é que, novamente, temos uma obra que fala secretamente sobre a **cabeça do "messias"**, já que tudo nela gira em torno de Jesus e o mito da sua ressurreição. Bom, além da caveira que está explicitamente colocada ao lado de Jesus pregado na cruz, quais seriam os outros indícios em relação a isso?

Sob o altar de pedra pelo qual se encontram a caveira e a cruz, há um livro aberto e alguns outros fechados. Isso significa que: **aqui temos um segredo prestes a ser revelado**. Ao lado deles, vejam como as varas dos eremitas **formam o X de Christ**, conforme vimos antes. Uma das varas até aponta diretamente para a caveira, como se Teniers nos quisesse dizer, de qualquer jeito, que **existe sim uma conexão entre o X, que é Cristo, e a caveira**. O fato de a cruz estar ao lado dela reforça essa insinuação. Outro indício é o modo como os eremitas se comportam. Enquanto um aponta para a cruz onde está Jesus, o outro lê com preocupação as escrituras, **como se estivesse pondo em dúvida alguma passagem**, que no caso é a da ressurreição. Em cima deles, vemos um corvo trazendo em seu bico um pedaço de pão. É claro que isso também faz parte da iconografia, já que São Jerônimo nos diz que deus ordenou que o corvo alimentasse Paulo com a metade de um pão, mas, quando Antão se encontrou com ele, o corvo passou a lhe entregar um pão inteiro. Contudo, isso também pode ser interpretado da seguinte forma: o corvo é o animal que simboliza a morte, e o pão é o alimento que simboliza o corpo de Jesus, portanto **temos novamente a conexão entra a morte e o corpo de Jesus**, ou seja, os seus restos mortais. Não disse que a escolha desses ascetas foi perfeita para se transmitir o segredo dos Templários?!

Por fim, existe um pastor difícil de ser visto na árvore que está no fundo da paisagem. Como já estudamos, o pastor é um símbolo forte para Jesus. Juntando-se todos esses fatos, agora sim podemos entender o que significam aqueles símbolos maçônicos e alquímicos espalhados pela obra. Significam, na ótica das Escolas de Iniciação, que Jesus foi um Iniciado, um praticante das artes mágicas, que nunca foi deus e nunca ressuscitou fisicamente, senão como uma alegoria de que ele logrou, como tantos iniciados, a verdadeira e real transmutação por meio de sua morte simbólica, representada pelo 9, ocultamente velado como o dia 17 de janeiro, o dia de Santo Antão. Vejam a próxima pintura:

Ela parece ser similar à primeira. E é mesmo. Nela também podemos ver a cruz perto da caveira, que agora está dentro da gruta, os eremitas Antão e Paulo representados da mesma forma, ou seja, um apontando para a cruz e o outro lendo as escrituras com inquietude, o corvo carregando o pão em seu bico, os livros abertos e fechados, alguns alimentos que fazem parte da dieta de Paulo (que também se encontram na simbologia maçônica) e um indício de uma tumba no fundo da paisagem, em frente àqueles montes. Enfim, tudo parece concordar com a primeira, não fosse por aquele castelo que se encontra em cima de um monte. Tal fortificação realmente existe! É uma fortaleza medieval conhecida como *Rocca Calascio*. Confiram uma foto real dela comparada com a da pintura:

E onde se situa a fortaleza Rocca Calascio? Está situada nos **arredores da "Cidade dos 99"**! Agora confiram o que irão encontrar na terceira pintura de Teniers que estudaremos, pintura essa, aliás, que é a mais provável que seja a que Saunière tenha adquirido, o que não exclui a possibilidade de ele ter conhecido as demais. Observem:

Esta sim tem como tema as tentações de Santo Antão, e não a visita que ele fez a Paulo de Tebas. Mas por que esta teria sido a de Saunière, se a frase do manuscrito dizia SEM TENTAÇÃO? Já falamos sobre isso. A palavra SEM foi usada para desviar o espectador do tema da obra, pois não é nele que a verdade se encontra. Então onde ela se oculta nessa obra?

Na extremidade direita dela, perto daquelas duas aberturas na rocha:

É uma silhueta!

E, ao mesmo tempo que ela está muito bem disfarçada na rocha, é possível enxergá-la tranquilamente sem recorrer a nenhum instrumento óptico, desde que se saiba olhar corretamente para aquele ponto. E mais: agora sabemos o que aquele diabo que atormenta Antão quer lhe mostrar:

A quem pertence essa espantosa silhueta?

Ela pertence única e exclusivamente ao **Papa Celestino V**. Querem ver a prova? Pois aqui está ela:

Esta pintura representa a **coroação de Celestino V**. Em outras palavras, foi essa a **terceira obra que Saunière teve em seu poder**. Vejam em detalhes o rosto dele comparado com a silhueta da pintura de Teniers:

Inacreditável! Trata-se, indubitavelmente, de um único personagem! Agora sim tudo ficou esclarecido. O padre Saunière chegou ao Celestino após descobrir na obra de David Teniers a estranha silhueta cujo rosto só poderia constar numa única pintura, a que retrata a coroação desse Papa. Tudo se conecta com uma precisão absurda! E, daí para frente, bastou um passo para que Saunière afunilasse todas essas coisas no **único lugar onde esse Papa vivera antes de receber a tiara**, na região italiana de Abruzzo, e sua capital, onde ele foi entronizado, a fantástica cidade de **Áquila**, conhecida também como a "Cidade dos 99".

A Cidade dos 99

Áquila, do italiano, quer dizer **águia**. Por que é conhecida como a "Cidade dos 99"?

Porque quase tudo nela se baseia nesse número. Em sua fundação, Áquila contava com **99 praças, 99 igrejas, 99 castelos e 99 vilarejos**. Em seu centro geográfico, as coordenadas correspondentes à latitude e à longitude são, respectivamente, 42º21' e 13º23'. A soma dos algarismos correspondentes à latitude resulta em 9, enquanto a soma da longitude também dá 9. **Logo, as coordenadas geográficas se correspondem ao 99!** Uma das atrações mais famosas de Áquila é a *Fonte dos 99 canais*, chamada assim porque contém **99 enigmáticas cabeças**, cada uma sendo uma fonte. Noventa e nove cabeças?! Insinuante! Essa fonte medieval está repleta de simbolismo oculto. Sua forma trapezoidal até hoje intriga os estudiosos. Logo falaremos mais dela.

O que vale ressaltar agora são as conexões que essa cidade possui com a Ordem dos Cavaleiros Templários. Os Templários surgiram em 1099 como nove cavaleiros que durante nove anos fizeram escavações no Templo de Salomão. Dizem também que eles permaneceram como nove durante nove anos. Portanto, não é estranho que Áquila, a *Cidade dos 99*, tenha relações intrínsecas com uma ordem que poderia muito bem ser chamada de "Ordem dos 99". De fato, Áquila está atolada de simbologia Templária, muito mais do que qualquer outro lugar. Eis porque ficou esquecida dos alfarrábios históricos. Se não fosse o terremoto que arrasou a cidade em 2009, muitos ainda não teriam ouvido falar dela.

A verdade é que Áquila foi intencionalmente projetada para guardar um grande tesouro.

Intencionalmente projetada? Exato! Ela foi idealizada na primeira metade do século XIII por um dos monarcas mais brilhantes e inteligentes que já reinaram sobre a Terra, Frederico II de Hohenstaufen, o "Stupor Mundi" ("Maravilha do mundo"), Imperador do Sacro Império Romano-Germânico. Tendo também os títulos de Rei da Sicília e de Jerusalém, falar que ele foi um monarca inteligente é pouco, pois Frederico, numa época em que a maioria era analfabeta, falava nove idiomas fluentemente, incluindo o grego, o latim e o árabe, dominava ciências como a matemática e a astronomia, deu forte impulso para que a Medicina se tornasse uma disciplina científica ao autorizar a prática de dissecação e criar a Universidade de Nápoles (que se tornaria uma referência para os futuros médicos) e, fora outras características, como a de ter escrito o primeiro manual da falcoaria (Frederico era obcecado por aves de rapina), ele também se tornou célebre por ter sido um excelente legislador e um diplomata invejável.

Frederico costumava dizer que o mundo fora enganado por três grandes mentirosos e impostores: Jesus Cristo, Moisés e Maomé. Mesmo assim, ele nutria admiração e simpatia pelos muçulmanos devido ao respeito e dedicação que estes empenhavam ao saber. Por causa disso e de outros fatores, como suas disputas com o Papado pela posse de terras italianas, como Abruzzo, o monarca foi excomungado três vezes, além de ter sido acusado pelo Papa de ser o próprio Anticristo.

A história de Frederico é deveras cativante. Poderíamos falar ainda mais do "Imperador Cientista", essa figura anacrônica, um cético que não acreditava em Jesus ou na imortalidade da alma, mas que nutria uma verdadeira paixão pela Alquimia e Astrologia a ponto de reunir os mais brilhantes eruditos dessas áreas, além de cientistas e matemáticos, como Leonardo Fibonacci, na sua corte em Palermo, o que levou o local a se tornar a nova sede do saber, o epicentro onde convergiu o melhor da cultura árabe, judaica e cristã na Idade Média.

E ele ainda foi o idealizador de Áquila!

Como São Petersburgo, Áquila nasceu de um projeto bem específico, e não por uma casualidade. No entanto, tal projeto foi ainda mais especial e único, se comparado ao de outras cidades que tiveram um plano de construção, haja vista a forte influência que o número 99 desempenhou em sua formação. Ademais, não foi só o "Stupor Mundi" quem contribuiu com a gênese da capital de Abruzzo. Ao longo dos anos, outros monarcas, como os d'Anjou, também desempenharam tal função. Entre estes, sem dúvida o maior exemplo foi o Rei Carlos d'Anjou.

E, por falar em d'Anjou, o nome que aparece antes de Sandro Botticelli na lista de Grão-Mestres do Priorado de Sião é o de René d'Anjou. Decidi citá-lo agora porque ele não só foi um descendente de Carlos d'Anjou, o que já forma um paralelo entre o Priorado de Sião e Áquila, mas também foi **um grande amigo de Ludovico Sforza**, o que obviamente nos faz questionar se Leonardo não o tenha conhecido pessoalmente. É bem provável que sim, o que sugere que Leonardo da Vinci esteve próximo a dois Grão-Mestres do Priorado de Sião, Botticelli e René d'Anjou. Coincidência? Um fato meramente casual? Vejamos o que uma das últimas obras de Leonardo tem a nos dizer sobre Áquila:

Leonardo fez esse desenho um pouco antes de morrer, quando residia na França já havia alguns anos. Vale lembrar que nessa época o artista era Grão-Mestre do Priorado de Sião, e isso tem tudo a ver com o desenho, uma vez que se chama *Alegoria da Navegação*, ou *Alegoria do Lobo e da Águia*, e ele descreve uma cena curiosa em que um lobo mui velho navega com seu barquinho em direção à águia, que está sobre o Globo. Até aí, nada de mais. Poderíamos especular sobre quem seria o lobo e a águia e mesmo assim não chegaríamos a lugar algum. De fato, isso aconteceu com todas as tentativas de explicar o trabalho. Felizmente, eis uma gravura que certamente trará luz ao problema:

Como na *Alegoria da Navegação*, a águia da gravura põe a língua para fora, e acima de sua cabeça se encontra uma coroa.

Sobre a identidade da gravura, ela é o **brasão oficial de Áquila!**

E o que significam as letras PHS? Tais letras deveriam representar o monograma cristão IHS. Contudo, até hoje não há uma explicação convincente do motivo de o P estar no lugar do I. Porém, já vimos outras representações que possuem as letras PS, com exceção do H. Quer dizer então que o brasão de Áquila poderia significar Priorado de Sião?! Mas e quanto ao H? Para ser mais exato, as letras PHS nada mais são do que **Priorado Honorável de Sião.**

E quanto à interpretação da *Alegoria da Navegação?* Tradicionalmente, **os Grão-Mestres do Priorado eram chamados de Nautoniers, que significa NAVEGADORES.** Em posse dessa informação, será mais fácil ler a *Alegoria da Navegação* do que uma estória em quadrinhos. **O lobo velho que controla o barco é o próprio Leonardo da Vinci.** Como este já estava em idade avançada ao desenhar a obra, além de ser um "Navegador" do Priorado de Sião, ele se retratou como o "Velho Lobo do Mar", que na gíria dos marinheiros significa **uma pessoa de muita experiência.** O mastro do barco, que no desenho é uma Oliveira, simboliza a sabedoria, que por sua vez é a Gnose, ou Sophia, adorada pelos Templários veladamente como Bafomé. Porém, isso não deve ser confundido com o ramo de oliveira, que simboliza a paz. Quando essa árvore aparece completa, significa sabedoria. Quanto à vela do barco, ela possui um formato triangular. Se a sobrepusermos ao piso do barco, que também tem formato triangular, só que invertido, temos algo que remete ao **Selo de Salomão.** Seria essa uma alusão a Áquila, que é a Nova Jerusalém? Evidentemente que sim, uma vez que o homem experiente, que é o "velho lobo do mar", aponta diretamente sua rosa dos ventos para a águia que está sobre o Globo, que já sabemos se tratar do brasão oficial da *Cidade dos 99.* O fato de ela estar sobre o Globo foi mais uma alusão de que a águia coroada é, na verdade, um lugar físico situado em alguma parte do planeta, e não uma pessoa, como alguns interpretaram erroneamente. Como tudo se encaixou, a sublime mensagem que Leonardo deixou antes de morrer foi: **o homem experiente que conduz o barco tem como mastro a sabedoria e mira sua rosa dos ventos não para uma direção qualquer; ele a mira sabiamente para a cidade de Áquila,** pois é lá que a verdade está.

Ela é a Nova Jerusalém, que tem o novo Templo de Salomão, simbolizado pela vela e pelo piso do barco, e logo veremos a qual construção aquilana se corresponde esse glorioso templo. O homem experiente a quem essa revelação é destinada não pode ser qualquer um, senão o próprio Grão-Mestre do Priorado de Sião, ou seja, **o NAVEGADOR que conduz o** barco da sabedoria, o "velho lobo do mar" que, com sua experiência e sabedoria, alcançou a glória de receber a ciência do maior tesouro da humanidade, e, é claro, Leonardo foi um deles. Ademais, o lobo não está com as duas pernas apoiadas no piso do barco (que é o Selo de Salomão), mas apenas com a perna direita. Em outras palavras, Leonardo quis salientar o **joelho direito**, a exemplo de como muitos artistas iniciados fizeram, e a razão de ele ter se retratado fazendo o Dextrum Genus saberemos depois, já que isto revela uma misteriosa faceta do gênio da Toscana.

Antes de seguirmos, vale lembrar que os Grão-Mestres do Priorado também se denominavam como João. Leonardo, por exemplo, curiosamente foi o **João IX**. Eles se denominavam assim por causa de João Batista, o arauto de Jesus. Logo, como a missão deles era proteger os descendentes de Jesus, tal alcunha lhes serviu para lembrar **que eram os arautos do "novo messias"**.

Dito isso, chegou a hora de decifrar a última pintura de Leonardo, o Baco. Ei-la:

A primeira coisa a se considerar é o motivo do nome da obra, *Baco*, em razão do tirso que o Salai segura. Sem dúvida, isto foi proposital. Baco é o "Deus do Vinho", e essa bebida, por sua vez, **simboliza o sangue de Jesus**. Logo, Salai foi representado assim para que mais uma vez fosse enfatizado que nele corria o sangue real. Todavia, a vara e o jeito como Salai está trajado, ou melhor, quase não trajado, serve também para lembrar **a imagem do eremita**. Ora, o Papa Celestino V, um dos símbolos de Áquila, ficou conhecido como o **Papa Eremita**. Portanto, está aí a primeira conexão desta obra com a capital de Abruzzo.

Porém, mais revelador ainda é o monte situado no fundo da pintura. Tal monte existe e está localizado na famosa cadeia de montanhas que atravessa a região de Abruzzo, os Apeninos. Sobre o monte, ele é o **Gran Sasso, o pico mais alto dos Apeninos**, fato que o leva a ser um excelente ponto de referência para alguém que quisesse esconder algum tesouro. Além do mais, o Gran Sasso possui uma forma peculiar, única. E ele fica próximo a Áquila? Tanto que de lá é possível avistar o pico sem dificuldades. Conquanto, o maior segredo do Baco é a paisagem, que é bem abruzziana, e é **exatamente a mesma que se encontra nos Pastores da Arcádia**. Aliás, esta última também contém o Gran Sasso no fundo.

Eis as duas obras juntas, e notem como que o cenário é semelhante:

A montanha de ambas é bem parecida. Seu formato lembra uma letra M. Os cenários também são similares. A geografia, as arvorezinhas, enfim, tudo bate. Até aquele amontoado de árvores em que o Salai se encontra apoiado é idêntico ao que está atrás do túmulo dos Pastores; túmulo esse, aliás, que também conta com a presença de Salai, o que reforça a hipótese de que as duas obras marcam um mesmo referencial. Daí o motivo de os pesquisadores terem se enganado quando tentaram encontrar essa paisagem em Rennes-le-Château, uma vez que ela é abruzziana.

Vejam agora fotografias do Gran Sasso comparadas aos picos das pinturas e reparem nas singularidades de suas formas. Na parte superior, temos os picos das pinturas; o da esquerda é o do Baco; o da direita, dos Pastores. Abaixo deles, temos o Gran Sasso visto de diferentes ângulos:

Corrobora-se assim que tanto o Baco como os Pastores da Arcádia, sem dúvida alguma, se referem a Áquila. Mas e quanto aos Pastores de Guercino? Neste precisa haver uma relação também, não é mesmo? Sendo assim, vamos vê-lo novamente:

Esta versão não possui nenhuma montanha ao fundo. Não obstante, o que se procura é alguma relação, e **ela está na caveira**, naquela distinta marquinha preta na fronte do crânio. Se olharem atentamente, verão que é uma mosca, que simboliza a morte e a putrefação. Mas, olhando de longe, a caveira será semelhante a isto:

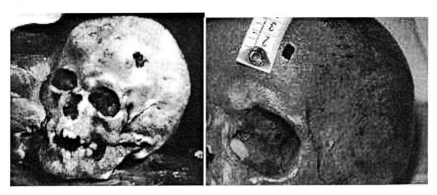

E a quem pertence o crânio da direita? **Ao Papa Celestino V!** Quando os restos mortais de Celestino foram achados, descobriu-se que seu crânio havia sido perfurado por um prego, o que nos remete àquele ritual merovíngio e templário de se marcarem os crânios de seus falecidos membros. Precisa dizer mais alguma coisa? Vejam mais uma comparação das caveiras:

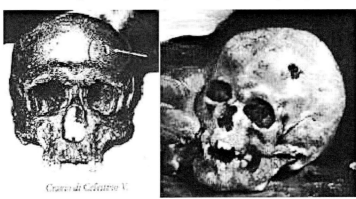

A "marca" é idêntica. É como se o crânio de Guercino, uma vez visto de longe, contivesse um buraco também. Evidentemente, um forte indício de que essa versão não possui a caveira acima do túmulo que contém a sigla EIAE, ou INRI, somente para indicar que ela é a cabeça de Jesus. Como tal cabeça se esconde em Áquila, é claro que Guercino fez questão de colocar uma referência explícita a esta cidade por meio do crânio perfurado de Celestino V. Tal referência também pode ser vista na versão de

Poussin. A sombra do braço de Judas, que forma a foice da morte, além de nos mostrar a cabeça de Jesus, indica-nos o crânio de Celestino, pois mira diretamente na fronte da sombra em forma de cabeça.

Até agora nós só vimos indicações indiretas. Portanto, eis então uma referência mais do que direta sobre Áquila na obra de Poussin. Vejam primeiro o mapa dessa cidade e fixem bem o seu formato:

Agora vejam que interessante uma certa forma presente nos *Pastores de Arcádia*, na pedra em que Salai está pisando:

A forma que está nela não lembra muito a do mapa que acabamos de ver?

Com uma olhada bem atenta, não teremos dúvidas de que a figura presente nela combina perfeitamente com o mapa de Áquila. São quase como fotocópias! Além do mais, a parte inferior do alto-relevo forma com precisão a cabeça de uma águia. Dá até para ver bem nitidamente o bico e o olho. Confiram:

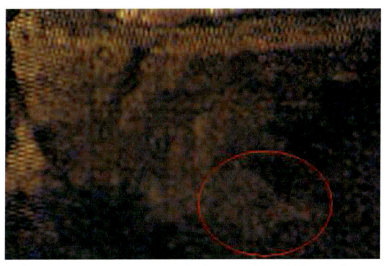

Acha que precisa apresentar mais alguma evidência?! Que tal esta, então?

Esta é uma representação de Goethe bastante simbólica. **Goethe foi um Iniciado. Daí ele estar fazendo o Dextrum Genus.** Agora notem que ele aponta com a mão direita para alguma coisa. O que será que Goethe, na verdade, está querendo nos mostrar? Eis a resposta:

Ainda nesta obra, vejam o alto-relevo que está na pedra, atrás de Goethe:

Parece um ritual, mas desta vez não é o de iniciação. Na verdade, o alto-relevo retrata o **ritual de casamento místico Hiero Gamos**, o mesmo que ocorreu entre Jesus e Maria Madalena. Daí Goethe estar fazendo o Dextrum Genus para nos dizer que **desse casamento ritualístico nasceu um descendente do sangue real**. Daí também a explicação sobre Goethe indicar a cidade de Áquila, pois é lá que se esconde a cabeça de Jesus provando que ele foi humano, casado e uma vez gerou prole, como conta a obra. Aproveitando o ensejo, eis uma pintura muito singular que comprova, de uma vez por todas, esses fatos:

Sem dúvida é Maria Madalena, porque a personagem segura o **vaso de alabastro**. Vaso esse que foi usado no seu casamento místico. A prova está no braço esquerdo dela, num detalhe que nada mais são do que as **letras H e G**.

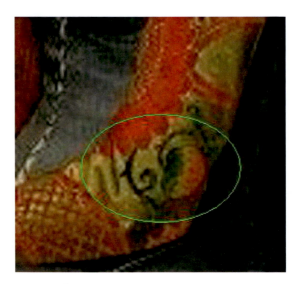

O Hiero Gamos!

Por fim, analisaremos mais uma referência direta à *Cidade dos 99*. Trata-se de um trabalho de **outro Grão-Mestre do Priorado de Sião**, Jean Cocteau, e ele se encontra no altar da igreja de Notre-Dame de France, e representa o momento da crucificação de Jesus. Vejam:

É um trabalho bastante enigmático que ficou famoso por causa da enorme letra M em frente ao altar. Mas vamos deixar esse M de lado por enquanto. Há coisas mais relevantes! Por exemplo, Cocteau não mostra quem está sendo crucificado, pois só aparecem as pernas da pessoa pregada na cruz. Não obstante, há **um homem muito parecido com Jesus** no canto direito da obra, que olha para a crucificação com uma cara de poucos amigos. O problema é que **o olho desse homem está desenhado como um peixe**, da mesma forma como os cristãos antigos simbolizavam Jesus. Observem:

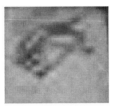

O tal homem só pode mesmo ser Jesus, é evidente que sim! E o que Jean Cocteau quis nos dizer com isso é aquilo que já sabemos e que todos os iniciados se esforçaram para mostrar, que **o relato da crucificação de Jesus como conhecemos pelos evangelhos é falso**. Porém, como um bom "Navegador" do Priorado, Cocteau também nos fez o favor de desvelar **onde a prova disso se localiza**. Vejam o que se encontra na outra extremidade da obra:

A águia!

Claro que a águia era o símbolo das legiões romanas, e é justamente um soldado romano que segura o escudo com a águia. Só que o segredo está na posição do escudo porque ele está entre duas imagens bem reveladoras. Uma é aquele homem que está olhando para o lado oposto da cena, que é **o próprio Jean Cocteau**. Vejam como **ele está dando as costas com um semblante desconfiado**, pois obviamente **sabia que a crucificação fora uma mentira**. Do outro lado do escudo, temos uma área no chão na qual os soldados romanos jogam dados, conforme consta nos evangelhos. Contudo, o detalhe intrigante é que essa área é idêntica ao mapa de Áquila, e **a soma dos dados resulta no número 58**. Ora, sabemos que o tal número é um código para Iesus Christus (CAPUT 58), e o fato de ele estar numa área que é **igual ao mapa de Áquila**, que por sua vez está ao lado de um escudo que mostra a figura de uma águia que se encontra **ligada à CABEÇA de Cocteau**, isso sem falar do homem do olho de peixe no outro canto da obra, que deveria estar na cruz...

Ora, certamente não será preciso dizer mais nada! Uma imagem vale mais que mil palavras, e só um incauto não entenderia o que se está nas entrelinhas! Afinal, **qual a finalidade de Jean Cocteau exibir ao seu lado o escudo da águia de um jeito tão explícito, tão escancarado, isso sem contar com aquela cara que ele faz?**

Se concordam, então significa que estão preparados para a última e a mais reveladora parte deste estudo, a do verdadeiro plano dos Cavaleiros Templários e do Priorado de Sião, que nunca foi contado até hoje em nenhum livro de história e em nenhum veículo de comunicação:

A criação de um verdadeiro Estado e a suplantação total da Igreja Católica!

A Antítese de Roma

O século XIII foi uma das épocas mais difíceis para a Igreja Católica. Os Cátaros assolaram o Sul da França, os Cruzados estavam perdendo a Terra Santa e o Papado entrara numa fase de decadência e corrupção nunca antes vista. Muitos achavam que seria o fim da Santa Sé. Outros que havia chegado o fim dos tempos. O Imperador do Sacro Império Romano-Germânico ameaçava constantemente o poder da Igreja. Deu-se início à disputa entre Guelfos e Gibelinos. Em meio a esse caos, surgiu uma onda de espiritualidade que contaminou todos os rincões da Europa Medieval. Essa foi a época dos *Franciscanos Espirituais*, que questionavam a riqueza e a opulência de Roma, e das místicas profecias de Joaquim de Fiore, que sustentavam o advento da idade do Espírito Santo. Para tentar conter esse clima de desordem, o Papa Gregório X convoca, em 1274, o XV Concílio da Igreja Católica, o de Lyon. O futuro da Europa seria debatido nesse encontro ecumênico, inclusive **a junção da Ordem dos Cavaleiros Templários e dos Hospitalários**, o que significaria o fim da prestigiosa Ordem do Templo.

Foi então que uma certa figura chamou atenção dos Pobres Cavaleiros de Cristo. Seu nome era Pietro da Morrone, um eremita com reputação de santo que tinha ido a Lyon para que o Papa não abolisse a Ordem que ele havia criado entre os montes de Abruzzo, a dos Celestinos. No caminho de volta, Pietro fora interrompido por um misterioso encontro com um obscuro cavaleiro que lhe **confiou um grande segredo**. Estava formado, assim, o plano dos Cavaleiros Templários. Segundo a história oficial, Pietro recebera a visita do Arcanjo Miguel, que lhe protegeu durante o retorno. Porém, o que aconteceu realmente está registrado num afresco de uma importante basílica de Áquila. Vejam:

O monge ao lado do anjo é Pietro da Morrone. Mas o anjo está carregando o estandarte dos Cavaleiros Templários... Além do mais, ele se veste como um cavaleiro. Conclui-se, então, que quem na verdade se cruzou com Pietro em seu retorno para Abruzzo não foi o Arcanjo Miguel.

Atentemos para os outros detalhes desse afresco. Vejam que a cruz entre os personagens se encontra vazia, apesar de ter um prego em sua base, indicando que alguém teria que estar pregado ali; alguém cujo nome é Jesus, como prova a sigla INRI que consta no ápice da cruz. Mas por que Jesus não está ali? Será que o dedo indicador do cavaleiro nos dá uma pista? Sim, pois ele aponta justamente para **onde a cabeça de Jesus deveria estar**, ou seja, na coroa de espinhos.

Quanto a Pietro, notem que ele segura um livro fechado com uma mão, **o que significa segredo**, enquanto a outra segura a tiara que no futuro ele usará na CABEÇA. Percebam também que ele está pisando na túnica papal, o que é estranho. Estaria ele **negando a autoridade do Papa**? Sim, pois o significado real dessa obra é: **o Cavaleiro Templário deu um segredo para Pietro, simbolizado pelo livro fechado que está em sua mão, que nada mais é do que a cabeça embalsamada de Jesus, daí ele apontar para a coroa de espinhos na cruz desocupada, pois**

Jesus não está mais ali, e sim em Áquila. Ao saber do segredo, Pietro pisa em cima da túnica obviamente para demonstrar seu desprezo pela autoridade Papal e ainda mostra a tiara, que é um objeto que se coloca na cabeça, como uma alusão de que ele possui a prova de que a ressurreição foi uma trapaça.

Mas por que os Templários escolheram um homem com reputação de santo para confiar tão terrível segredo? Pietro da Morrone, apesar de eremita, estava se tornando popular entre o povo da Itália. Por ser considerado um santo, ele formava um perfeito contraste com os figurões degenerados de Roma. Lembrem-se de que o século XIII foi terrível para a Igreja Católica. Muitos achavam que essa instituição caminhava para o fim. Só havia corrupção na Cúria Romana. Daí os Templários terem percebido que, se usassem a fama de santidade de Pietro a seu favor, um possível cisma poderia acontecer dentro da Santa Sé. E foi o que fizeram. Eles acharam o alvo perfeito para colocar em prática seu audacioso plano. Por causa da humildade e da ingenuidade de Pietro, que não era ambicioso e político como os traiçoeiros clérigos de Roma, os Templários concluíram que seria fácil manipulá-lo. Alguns anos mais tarde, tudo isso provaria ser verdade. Ademais, Pietro morava em Abruzzo, perto de Áquila. Como vimos, Áquila foi projetada para ser a Nova Jerusalém. Se pegarmos os mapas de Jerusalém e de Áquila na época de sua formação, veremos que ambos são iguais, desde que estejam invertidos um em relação ao outro. Ou seja, **o mapa de Áquila é o oposto do de Jerusalém.**

Simbólico! Entretanto, os indícios de que Áquila foi feita para ser uma cidade templária e maçônica são vários e eles se espalham por suas ruas, como uma grande variedade de fontes que possuem um formato octogonal, por exemplo. Ora, os historiadores sabem que a geometria octogonal era preferida pelos Templários, tanto que quase chegou a ser uma característica exclusiva deles. E tem mais! Observem estes símbolos que se encontram em muitas construções aquilanas:

DA VINCI REVELADO

São símbolos Templários e maçônicos. Tem até o Quadrado Sator. Agora vejam um dos mais famosos símbolos de Pietro da Morrone, que também se encontra espalhado por Áquila:

Uma cruz com uma **letra S**... A única explicação possível que dá sentido a esse S é a de que **significa Sião**. Por isso que, na primeira gravura, ele se encontra embaixo de uma cruz templária e entre duas flores-de-lis, que é **um dos emblemas do Priorado de Sião**.

Então, por haver toda essa conexão em Áquila e por Pietro morar próximo a ela é que os Templários decidiram escolher esse singelo ermitão para passar seu mais glorioso segredo, além de sua popularidade, é claro. Ou seja, Pietro foi o homem certo que estava no lugar e na hora certa.

Após o encontro, o eremita, que vivia uma vida pacata nas montanhas de Abruzzo, estranhamente se dirigiu a Áquila. Uma vez lá, ao dormir, ele disse que **a Virgem Maria aparecera em seus sonhos e lhe ordenara que construísse uma casa para ela**. Desculpinha interessante esta. Numa época de espiritualidade exacerbada, quase todos devem ter engolido tal estória. Mas o que aconteceu em seguida foi bem real e diferente. Do nada, o Santo ermitão Pietro da Morrone se empenhou de corpo e alma na construção daquela que em breve iria ser a imponente igreja de Santa Maria di Collemaggio, e, de novo, temos mais uma construção que está cheia de simbologia templária e maçônica. Vejam algumas fotos da basílica:

A sua fachada é constituída de motivos vermelho e branco, que eram **as cores da Irmandade do Templo**. A geometria dos motivos também é curiosa. Lembra muito a cruz templária de braços iguais.

E, por falar nessa cruz, existem várias delas nos pilares das arcadas que separam a nave principal das colaterais dentro de Collemaggio. Ainda em seu interior, confiram estes impressionantes símbolos que lá se encontram:

Collemaggio parece mesmo ser um lugar bem enigmático, e não é à toa. Se Áquila é a Nova Jerusalém, deveria haver nela o novo Templo de Salomão, correto?! Vejam só que interessante! Se pegarmos novamente o mapa de Jerusalém e o invertermos, **o ponto onde se localizava o Templo de Salomão corresponderá no mapa de Áquila ao que é exatamente a igreja de Collemaggio**! A construção dessa igreja teve um propósito bem definido e real, não tendo nada a ver com a fábula de sonhos e visões.

Em 1293, Pietro se encontra novamente em seu eremitério nas montanhas. Enquanto isso, a Igreja passava por um horrível impasse. Fazia dois anos que ela estava sem um Papa porque o colégio de cardeais não conseguia eleger nenhum deles para o posto. Em decorrência disto, a Igreja passou a sofrer ameaças de punição divina, caso não escolhesse logo um sucessor de São Pedro. Muitos temiam que houvesse chegado a hora do Juízo Final. Parecia que as profecias de Joaquim de Fiore se tornavam realidade. Depois da passagem de Frederico II pela Terra, que foi tido como o Anticristo do livro do Apocalipse, boatos sobre um santo eremita que vivia nas montanhas de Abruzzo começaram a circular. Dizia-se que ele era o "pastor angélico" que daria início à era do Evangelho Eterno vaticinado por Joaquim. Vendo que esta era **uma oportunidade de ouro, o Priorado de Sião procurou agir rápido**. Seus membros forjaram uma briosa carta e a **assinaram com o nome de Pietro da Morrone**. Em seguida, eles fizeram com que a carta chegasse às mãos dos cardeais do conclave e o que estes leram era tão ameaçador, que não deu outra. Logo viram que **não havia escolha a não ser dar a tiara para o eremita de Abruzzo**. Então, assim que a decisão foi tomada, entra em cena um dos mais prestigiosos integrantes do Priorado, o Rei de Nápoles Carlos II d'Anjou, que foi uma personalidade central na formação de Áquila, já que nessa época a cidade fazia parte do seu reino. Acompanhado por soldados, **Carlos parte para as montanhas à procura de Pietro** e, quando o encontra, dá a notícia do conclave para o decoroso homem e consegue convencê-lo, contra a sua vontade, de que deveria partir imediatamente para receber as chaves de São Pedro.

Pelo jeito, o pobre Pietro foi mesmo um mero peão nas mãos desses astutos homens, e é agora que entra a **informação chave**:

Em 24 de julho de 1294, Pietro da Morrone, **montado num burrinho**, faz uma entrada triunfal em Áquila perante uma multidão de 20 mil pessoas, que clamavam e cobriam o caminho com **folhas de ramos**, e o próprio Rei de Nápoles **era quem segurava as rédeas**. Percebem aí um **paralelo com o Domingo de Ramos**?

Assim como Jesus entrou em Jerusalém cavalgando um burrinho e sendo saudado com gritos e ramos, **Pietro entra na Nova Jerusalém sendo saudado da mesma forma e cavalgando o mesmo animal**. E, igualmente ao Domingo de Ramos, **aquele dia seria o início de uma nova era, de uma nova crença**. Esse era o plano principal dos Templários. No dia 24 de julho, Pietro entrou em Áquila, **e não em Roma**, para receber a coroa de Papa. A brilhante cerimônia, que ocorreu em 29 de agosto e contou com a presença de grandes figurões da época, como o Iniciado Dante Alighieri, se deu às portas da igreja de Santa Maria di Collemaggio. Percebem como a cada passo fica mais claro que tudo foi muito bem elaborado?

Depois que Pietro colocou a tiara, adotou o nome de Celestino V e passou a residir em Nápoles como um mero joguete do Rei Carlos II d'Anjou. Ao mesmo tempo, alguns cardeais acharam tudo aquilo muito estranho e se puseram a fazer o que sabiam de melhor, trapaças, artimanhas e manobras políticas para manipular o Papa, minando assim a autoridade de Carlos sobre ele. Passados alguns meses, ficou evidente que o humilde Celestino V não iria aguentar a pressão, porque, acima de tudo, ainda era um eremita. No dia 13 de dezembro, Pietro da Morrone retira seus paramentos pontifícios na frente dos cardeais e abdica do trono de São Pedro, entrando então para a história como **o único Papa que renunciou ao seu cargo** (antes de Bento XVI).

Jacques de Molay, o último Grão-Mestre dos Templários, curiosamente **estava em Roma nesta ocasião**. Onze dias depois, o cardeal Bento Gaetani, que foi um dos que mais pressionaram Celestino, se torna o novo Papa, com o nome de Bonifácio VIII. Quanto a Pietro, este voltou para as montanhas após ter recusado o *Anel do Pescador* e a túnica escarlate. Todavia, seu sucessor trataria de não assegurar sua tranquilidade. Como Pietro estava se tornando um herói popular devido ao seu ato corajoso, Bonifácio VIII, receoso daquilo que os Templários previram, de que pudesse haver cisma dentro da Igreja, mandou trancafiar o piedoso eremita no castelo de Fumone. Daí, em 1296, Pietro da Morrone veio a falecer, segundo alguns, assassinado por seu sucessor.

Onze anos adiante, chegou a vez dos Templários. No dia 13 de outubro de 1307, o Rei da França Felipe, o Belo, ordenou a sentença que varreu esta Ordem da Europa. Conclusão: num curto espaço de tempo, desde a resignação de Celestino V, o sonho templário de criar um Estado virou fumaça. Porém, temos de admitir que quase aconteceu.

O erro dos Templários foi tentar criar um governo baseado num mito. Eles se apropriaram das crenças, das superstições, das profecias e dos medos que circulavam na época e fizeram isso muito bem. Só que, do outro lado da disputa, estava um time de realistas mais preparados para a política. E assim também já aconteceu com vários golpes de Estado que foram moldados em uma mitologia. Quase todos resultaram em fracasso. Vejam o Nazismo, por exemplo. Que se saiba, só a "Esposa Mística" logrou fazer isso. Daí ter ganhado a disputa. Quanto ao destino do mito de Celestino V, ironicamente, o Papa fantoche do Rei Felipe, Clemente V, o transformou finalmente num santo de verdade ao canonizá-lo a mando do ganancioso rei francês, que queria humilhar seu ex-inimigo, Bonifácio VIII, cuja vida também foi selada pelo "Belo". Porém, para os Iniciados, não bastaram nem mesmo as glórias do altar. O eremita agora não seria mais um santo para eles, mas sim um traidor, tanto que o poeta Dante, em sua *Divina Comédia*, o coloca no inferno chamando-o de "o covarde da grande recusa". Enfim, o que restou foi o sentimento de lamentação que os futuros artistas iniciados imortalizariam em suas obras de arte.

Impressionante a história de Celestino V. Seu Papado teve vida curta, somente cinco meses. Mesmo assim, duas de suas ações demonstram que inicialmente os Templários haviam feito a escolha certa. Uma foi o apoio que os "heréticos" franciscanos espirituais receberam, mas, quanto à outra, esta sim foi bem insinuante. Celestino promulga que, em todo dia 28 de agosto, véspera do aniversário de sua coroação, aconteceria a remissão total de pecados para os "fiéis" que atravessassem a Porta Santa de Collemaggio. Estava criada, assim, a *Perdonanza*. Foi ele quem a criou, então? Sim, e tal ação foi esdrúxula, pois ela **anula o poder de Jesus de perdoar os pecados**, mas não aos olhos de Celestino, que **sabia que a ressurreição foi uma fraude**. Entretanto, o mais estranho é o fato de a *Perdonanza* ter sido criada em Collemaggio.

E, por falar nessa igreja, que atualmente é uma Basílica, mostrarei agora **a prova de que ela é o Novo Templo de Salomão**. Uma das maravilhas que existem em seu interior é o magnífico mausoléu de São Celestino, que, aliás, é cheio de simbologia templária e maçônica. Vejam:

E, atrás desse mausoléu, ocultamente, encontra-se isto aqui:

O Rei Salomão!
Onde, então, a cabeça de Jesus foi escondida? Ora, onde mais poderia ela poderia estar? Que lugar melhor há que aquele que apresenta uma

forte **conexão numérica com a lenda dos Templários e com a cabeça?** A *Fonte dos 99 canais*?! Claro! **É lá que a relíquia mais sagrada de todas se encontra.**

No entanto, não adianta ir lá procurar, porque deve estar numa cripta subterrânea. Mas em Collemaggio pode haver algumas pistas, talvez até uma conexão subterrânea, e é por isso que ela teve que ser construída. Pois o seu ponto geográfico no mapa de Áquila corresponde ao antigo Templo de Salomão de Jerusalém. Essa é a charada!

Durante nove anos, nove cavaleiros escavaram o Templo de Salomão e lá acharam o seu grandioso tesouro. E quem deseja ver onde ele está terá que cavar mais uma vez, só que agora no novo Templo de Salomão (o bom tesouro à casa retorna!).

Mas e quanto à *Fonte dos 99 canais*? Será que possui alguma correspondência com o mapa de Jerusalém? A resposta é afirmativa! A *Fontana delle 99 Cannalle* está para Áquila **assim como a piscina de Siloé está para Jerusalém.** A piscina de Siloé? Onde Jesus realizou um milagre?! Eis aí outra nossa conexão com Jesus. E como este milagre é sobre a cura de um cego, temos que restituir nossa visão e ter olhos para enxergar a verdade que **está na piscina de Siloé aquilana.** Confiram algumas fotos da fonte:

As paredes possuem as mesmas **cores da fachada da Basílica de Collemaggio**, o que demonstra que a fontana e a basílica **estão mesmo interligadas**. E são as **únicas construções aquilanas que têm essa similaridade**. Agora vejam a pedra angular da fonte:

Um Peixe! Que nada mais é do que o **próprio símbolo de Jesus**. E, pelo fato de ele ser a pedra angular dessa construção de 99 cabeças, será que precisa mostrar alguma outra ligação com o "antigo messias" mais direta e explícita do que essa? E, falando em "antigo messias", por isso é que existem canais jorrando água no local, pois, assim que o tesouro que está lá for revelado e a ressurreição for desmascarada, a Era de Peixes, que é a de Jesus, **dará lugar à Era de Aquário, a do "novo messias"**, cujo símbolo nós já estudamos. Compreendem agora por que é uma fonte?

Por último, gostaria que dessem uma olhada na lápide que relata o nome do construtor da fonte e o ano em que esta foi feita:

Ela parece ser bem maçônica, e não estranharia se o construtor tivesse participado, direta ou indiretamente, dessa fraternidade, que na época ainda era operativa, e não especulativa, haja vista a quantidade de segredos que a fontana contém. Deve ser por isso que os aquilanos adoram contar a lenda de que **o arquiteto da fonte foi assassinado após ter terminado seu trabalho**. Insinuante, não?!

E qual o motivo do formato trapezoidal? Este é um dos detalhes mais importantes. Antes de responder, observem a planta baixa da fonte:

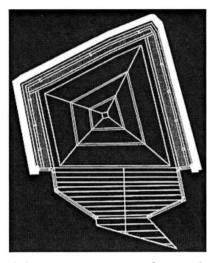

Ela é trapezoidal porque **essa era a forma das antigas câmaras mortuárias egípcias, as Mastabas**. Foram elas que deram origem às pirâmides. Então **é uma referência às tumbas antigas**. Intrigante! Se os Templários esconderam mesmo os restos de Jesus aí, uma Mastaba realmente é a forma mais adequada, já que as sociedades secretas mais importantes consideram a religião egípcia como a primordial e a que deu origem às demais. Daí as 99 cabeças contarem a história de todas as religiões e de todas as antigas escolas de mistérios, pois suas respectivas faces encerram a figura de vários deuses pagãos, animais sagrados, e até existe um grupo de cavaleiros que com certeza são os do Templo, que foram os guardiões da antiga sabedoria. Como foi o cristianismo quem destruiu tudo isso, as 99 cabeças prestaram tal homenagem para lembrar aos iniciados que, assim que a cortina da grande mentira cristã cair, o conhecimento perdido voltará com força total. Além disso, podemos fazer um paralelo dessa simbologia com a capela Rosslyn, que também contém inúmeras cabeças e inúmeros símbolos pagãos que registram a passagem de todas as religiões esquecidas. Mas, para falar a verdade, não surpreenderia se Rosslyn tivesse sido feita para homenagear ocultamente a cidade de Áquila.

Bom, finalmente chegou a hora de falar sobre em que consistia o plano dos Templários. Quando estes se viram na iminência de perder o poder devido àquela ameaça de fusão com a Ordem dos Hospitalários proposta no segundo concílio de Lyon, sentiram a necessidade de agir com urgência, ainda mais depois da queda de Acre, que ocorreu três anos antes da coroação de Celestino V e significou a derrota total dos cristãos na Terra Santa. Acontece que a principal motivação dos Cavaleiros do Templo foi uma guerra que há dois mil anos vem acontecendo sem que ninguém sequer a perceba, **a da Igreja Católica contra a Gnose.**

A Gnose é o receptáculo das antigas tradições religiosas, filosóficas e das escolas de mistérios egípcia e grega. Segundo os adeptos da Gnose, que hoje conhecemos como alquimistas, ocultistas ou iniciados, Jesus na verdade foi um deles. E verdadeiramente existem indícios inquestionáveis de que ele, Maria Madalena e alguns dos apóstolos tenham se integrado ao movimento gnóstico da época, que envolvia várias escolas de pensamento. Não vou entrar no mérito dessa discussão, mas só quero ressaltar que o cristianismo gnóstico surgiu antes do católico, gozava de maior popularidade e quase se tornou a versão definitiva, não fosse por Valentino ter perdido a disputa pelo Papado por pouco. Depois, é claro, veio todo aquele apoio que Roma deu para o time de Pedro, que odiava profundamente os gnósticos, inclusive a Madalena. Enfim, se o gnosticismo tivesse sido a versão definitiva do cristianismo, hoje nosso mundo seria totalmente diferente, bem menos supersticioso e certamente mais científico. Por quê? Ora, o objetivo final da Gnose é o conhecimento pleno do ser humano, e isso só pode ser conquistado uma vez que o adepto se proponha a estudar profundamente os segredos e as leis da natureza e de tudo o que há ao seu redor, já que o Microcosmo, que é o ser humano, é o reflexo do Macrocosmo, o Universo.

Quanto aos católicos e aos demais cristãos, não se vê muitos deles se interessando por ciências. Isto acontece porque o mundo deles é centrado no ego, na ignorância e na alienação, o que é diametralmente oposto ao mundo da Gnose, que não leva em consideração o ego como premissa básica para a sobrevivência, mas sim a salvação pelo conhecimento. Este era o pensamento dos Templários e de todos os iniciados que lutaram para manter a chama da sabedoria antiga acesa por meio de suas obras, apesar das investidas de sua maior rival e inimiga histórica, a Igreja de Pedro e de Paulo de Tarso. É por isso que a letra que simboliza uma das maiores escolas de pensamento filosófico atuais, a maçonaria, é a G. Ou seja, o G é de Gnose, e não de God ou Geômetra, como alguns tanto alegam. Mas isso só ficam sabendo os maçons de alto grau.

Para finalizar, gostaria que vissem este quadro que se encontra na Basílica de Collemaggio:

Essa obra é muito parecida com o Baco de Leonardo. Ambas possuem muitas similaridades, como a paisagem e o Gran Sasso, que está no fundo. Mas essa aí foi feita por Carl B. Ruther e representa um episódio da vida de São Celestino. Aliás, existem 14 dessas pinturas espalhadas pelo interior de Collemaggio, cada uma representando um episódio diferente. A presente obra, por exemplo, está situada na parede de uma das naves laterais. Todavia, há um outro detalhe! É que o rosto de Celestino é idêntico ao da pintura que Saunière requisitou em Paris, que por sua vez é o mesmo daquela silhueta da Tentação de Teniers:

E isso demonstra que Ruther pode ter se baseado na de Saunière. Enfim, é só uma curiosidade.

Não dá pra entender por que Áquila é tão pouco (ou quase nada) divulgada, e vocês podem não conhecê-la, mas com certeza já ouviram falar dela. Afinal, quem nunca assistiu ao filme *O Feitiço de Áquila*? O longa foi filmado na região de Abruzzo. Aliás, há cenas em que aparece nitidamente o Gran Sasso e algumas construções aquilanas. Mas a simbologia do filme é que impressiona. Não é de hoje que os ocultistas utilizam os meios de comunicação como veículo para transmitir discretamente os princípios da Gnose sem que a Igreja note. Em *O Feitiço de Áquila*, a personagem principal, interpretada por Michelle Pfeiffer, e que coincidentemente possui **d'Anjou como sobrenome**, é impedida de viver um grande amor ao lado de seu amado por causa de uma maldição que a faz se transformar numa águia de dia enquanto o seu noivo se torna um lobo durante a noite. Simbolicamente, temos aí a **separação do masculino e do feminino**, e adivinhe só quem foi o responsável por lançar a maldição? O bispo de Áquila, que no filme **representa a Igreja Católica**. Agora observem só a revelação bombástica! Quem apresenta a solução para unir o feminino ao masculino no filme é um EREMITA que mora em ROCCA CALASCIO e que, obviamente, é um **bom conhecedor da sabedoria antiga da Gnose**. Então, no final, graças à ajuda do eremita a maldição é rompida, o bispo é morto e o casal finalmente se vê livre para desfrutar o eterno amor. Numa das cenas mais simbólicas, o filme termina com o casal se abraçando apaixonadamente enquanto uma multidão de clérigos que haviam sido enganados pelo bispo os aplaude calorosamente, significando que, **quando o masculino se unir ao feminino**, a Igreja estará descontaminada de toda mentira que há séculos vem sendo imposta por homens malditos, como o bispo dessa produção cinematográfica. E assim são as grandes obras. Os artistas adeptos da Gnose há muito vêm tentando dizer a verdade para os que estão dispostos a recebê-la.

Além desse filme, existem outras referências históricas modernas em relação à cidade de Áquila? Muito poucas, o não é comum. Na época de Leonardo da Vinci, ela era a segunda cidade mais poderosa do reino de Nápoles, depois de Nápoles, é claro. Durante o fascismo, o ditador Benito Mussolini ficou preso por um tempo em Campo Imperatore, que é próximo a Áquila, até ser libertado pelos nazistas. Hodiernamente os aquilanos chamam a sua cidade de L'Aquila por causa de uma carta que Mussolini escreveu na época da prisão em que ele se confundiu nomeando Áquila como L'Aquila. Daí em diante, a grafia foi mantida para não contrariar o "Duce" e esse costume perdura ainda hoje.

Contudo, uma das referências modernas mais significativas é a que envolve o imperador Napoleão Bonaparte. Esse grande gênio da estratégia militar parece que conhecia todos os mistérios de que falamos até agora. Ele era um maçom fascinado pela sabedoria do Egito Antigo e era completamente obcecado pela maior obra de Leonardo, a Gioconda, **tanto que a mandou roubar simplesmente para colocá-la em seu aposento particular**. Talvez ele até soubesse que ela era o Salai Andrógino, o descendente do Graal. Em sua coroação como imperador, ele demonstrou seu desprezo pela Igreja ao tomar a coroa das mãos do Papa a fim de coroar a si mesmo. O lindo traje que ele usou nessa ocasião continha várias miniaturas de abelhas de ouro. Isso sem dúvida é **uma ligação direta com os Merovíngios**, já que eles também usaram essas abelhas, e tal animal era um de seus símbolos porque as abelhas **não possuem um rei, mas uma rainha**. Como os Merovíngios menosprezavam Jesus Cristo porque sabiam que fora um mito, eles veneraram Maria Madalena como a única digna de usar a coroa da Igreja. A veneração à "esposa" de Jesus é comum entre os membros do Priorado de Sião, como demonstram Carlos II d'Anjou, René d'Anjou e vários outros. Mas, voltando a Napoleão, após ter se tornado imperador, insinuantemente ele **mandou fazer escavações em Áquila**. Estaria ele procurando alguma relíquia relacionada a Jesus? A resposta é sim, mas, em vez de sua equipe ter achado uma cabeça, ela encontrou algo bastante significativo que reforça tudo o que foi dito até agora, **a sentença condenatória de Jesus redigida, de acordo com o documento, pelo próprio Pôncio Pilatos**.

Revelador isto estar escondido logo em Áquila, **um documento que se relaciona com a morte de Jesus**. Mais revelador ainda é sobre quem primeiro descobriu a sentença em Jerusalém, que foram os cruzados de Godofredo de Bouillon. Godofredo era o líder da primeira cruzada. Foi ele quem criou, em 1099, a Sociedade Secreta por trás dos Templários, cujo nome na época era *Abadia de Nossa Senhora do Monte Sião*, que conhecemos atualmente como Priorado de Sião. Alguns historiadores continuam insistindo que os Templários foram criados oficialmente em 1118. Porém, a atribuição desta data foi um erro de Guilherme de Tiro, cronista das Cruzadas.

Hoje, com os novos dados, tudo leva a crer que essa Ordem surgiu em 1099 com a Abadia de Nossa Senhora do Monte Sião. É importante saber disto, porque aí está mais uma conexão direta entre o Priorado de Sião, os Templários, Áquila e Jesus. E, numa das obras nietzschianas, o *Ecce Homo* ("Eis o homem"), um dos livros mais importantes da língua alemã, não deixa de ser coincidência o fato de que, segundo o Evangelho de João, o mais querido entre os gnósticos, alquimistas e maçons, *Ecce Homo* seja a frase latina com a qual Pôncio Pilatos apresentou Jesus durante a sua condenação. E, na quarta parte do capítulo "Assim falou Zaratustra" do livro, pois *Ecce Homo* contém um capítulo homônimo que fala sobre a gênese de *Assim falou Zaratustra* (que é outra obra nietzschiana), segundo as próprias palavras de Nietzsche, ele inicia assim essa seção:

> *Depois, por algumas semanas estive doente em Gênova. Seguiu-se então uma primavera de melancolia em Roma, quando apenas tolerei a vida – não foi fácil. No fundo desgostava-me ao extremo o lugar, o mais indecoroso da Terra para o criador do Zaratustra, e que eu não escolhera livremente; tentei escapar – quis ir para Áquila, a ANTÍTESE DE ROMA, fundada por HOSTILIDADE A ROMA, local como eu um dia fundarei, a recordação de um ateísta e inimigo da igreja como deve ser, um dos seres mais próximos a mim, o imperador Hohenstaufen Frederico II.*

A **"Antítese de Roma" fundada por hostilidade a Roma**?! Nietzsche, finalmente, confirma para nós o real propósito da existência de Áquila. Por causa disso, o filósofo alemão nutria grande admiração em relação a Frederico II. Ele tinha mania de dizer que descendia diretamente dos Hohenstaufen!

E quanto a Leonardo da Vinci?! É possível que alguma vez o artista tenha visitado Áquila? Digamos assim que seja bem provável. A chave para se entender isso é quão próxima essa cidade está de Roma, apenas 100 km. Quando os franceses invadiram o ducado de Milão, um dos comandantes das tropas de Luís XII, o Conde de Ligny, parece ter convidado Leonardo para viajar ao reino de Nápoles e até chegou a lhe sugerir que trabalhasse para os franceses a fim de que o artista não precisasse deixar a Lombardia. Leonardo recusou o emprego, mas, sobre a outra proposta, pasmem só o que ele escreveu num memorando que nada mais é do que um preparativo para uma viagem:

> *"Vai encontrar <u>ingil</u> e dize-lhe que tu o esperarás em <u>amor</u> e que tu irás com ele a <u>ilopan</u>."*

Incompreensível?! Não até deciframos *ingil* como Ligny, *amor* como Roma e *ilopan* como Napoli, ou Nápoles. Agora vejam como que a frase fica ao se usar essas informações decodificadas e ao se substituir o *tu* pelo *eu*:

> Vai encontrar Ligny e dize-lhe que eu o esperarei em Roma e que eu irei com ele a Nápoles.

Soberbo! **As informações-chave estavam ao contrário.** Leonardo adorava mesmo esse negócio de códigos secretos. E por que Leonardo, que já escrevia espelhadamente, se deu ao trabalho de inverter essas palavras? Está na cara! Também devemos nos lembrar da vez em que ele esteve em Roma, naquele período de dois anos, entre 1514 e 1516, em que circulou bastante pelos arredores da Cidade Eterna. Grande aficionado por montanhas como Leonardo era, duvido muito que ele tenha deixado escapar a oportunidade de visitar os Apeninos e o seu maior pico, o Gran Sasso.

Sólida também é a possibilidade de que Nicolas Poussin conhecesse Áquila. Lembre-se de que ele trabalhou quase a vida toda em Roma e raramente saiu de lá, incluindo o período em que *Os Pastores da Arcádia* foi pintado. Isso por si só já derruba a hipótese de que Poussin buscara inspiração em Rennes-le-Château, ainda mais porque ele nunca pôs seus pés naquela região. É o bastante?!

O Descendente de Jesus

Em 1095, o Papa Urbano II fez um apelo em Clermont para que nobres e cavaleiros partissem para a Terra Santa a fim de reconquistarem Jerusalém e outras cidades da Palestina que se encontravam em poder dos muçulmanos. Era o início das Cruzadas. Ao mesmo tempo, um grupo de nobres franceses da **região de Champagne** que herdaram os segredos dos Merovíngios e sabiam da descendência de Jesus se pôs a esboçar um audacioso plano. Temendo a rápida expansão islâmica, eles obviamente concluíram que seria apenas uma questão de tempo para que os "infiéis" descobrissem os restos mortais de Jesus e as provas de que a ressurreição fora um grande engodo. Se os muçulmanos fizessem essa descoberta antes dos europeus, eles iriam **ratificar o que está escrito no Alcorão sobre a crucificação de Jesus**, colocando todo o mundo cristão sob uma séria ameaça.

Para salvar a Europa do caos absoluto, esses nobres franceses partiram imediatamente para evitar o desastre. Seu líder se chamava Godofredo de Bouillon, e, depois que a empreitada teve sucesso e a "Cidade Santa" foi reconquistada, Godofredo foi indicado para ser o governante de Jerusalém, cargo que ele aceitou, apesar de ter negado o título de rei para si. O motivo dessa indicação, segundo alegam alguns pesquisadores, era que ele descendia dos próprios Merovíngios. Portanto, **ele tinha o sangue real também**. Parece que tudo não passou de uma "panelinha" desses nobres franceses. Quanto a Godofredo, tudo leva a crer que ele sabia mesmo a que estava destinado. Senão, por que **teria vendido seu castelo antes de partir**? Insinuante também foi sua nomeação como **Protetor do Túmulo de Jesus** e que, após sua indicação, ele procurou agir rápido fundando, no ano de 1099, a Abadia de Nossa Senhora do Monte Sião ou, se preferirem, o **Priorado de Sião**. Isto é um fato histórico! Coincidentemente, no mesmo ano surge um grupo de cavaleiros **vindos da região de Champagne** que entrariam para a história como Os Cavaleiros Templários. Eles receberam essa alcunha porque suas instalações ficavam sobre o antigo templo do Rei Salomão.

Como vimos, a lenda diz que eles eram nove, permaneceram como nove durante nove anos, e por nove anos fizeram escavações no Templo de Salomão. Mas a verdade é que os Cavaleiros do Templo foram formados para ser o exército do Priorado de Sião e também para recuperar aquilo que não deveria ser descoberto em hipótese alguma pelos "infiéis". **Daí o motivo de eles terem se hospedado no Templo.** Passados uns anos, os Templários foram chamados a Roma e, após uma audiência com o Papa, eles se tornaram a ordem militar e religiosa mais poderosa da Europa. Tal fato é bastante incomum até supormos que eles conseguiram recuperar os despojos de Jesus e a Igreja Católica, que sabia que a ressurreição fora um mito, usou de chantagem dando-lhes um grande poder. Ou seja, a Igreja comprou-lhes o silêncio. Devido a este grande segredo, os Templários foram ficando cada vez mais poderosos e excêntricos. Logo se tornaram homens práticos que de religiosos não tinham nada. Pelo menos em suas ações, pois financiaram uma série de construções de catedrais e mosteiros espalhados pela Europa e pela Terra Santa, e investiram em grandes propriedades e fazendas que lhe trouxeram muitos lucros, criando assim o sistema bancário, que era inédito na época. Vale lembrar que algumas dessas práticas eram condenadas pela Igreja. No entanto, esta instituição, que não era boba, permaneceu quieta diante de tais ambições capitalistas.

Mas, se por um lado a Igreja se manteve cega em relação ao imenso poder dos Templários, o mesmo não poderia ser dito a respeito dos reis, dos nobres e do povo, pois estes não demoraram a levantar especulações de que os Cavaleiros do Templo haviam se tornado uma ordem de depravados, degenerados e heréticos. Histórias estranhas sobre os seus rituais de iniciação começaram a circular, cada uma pior que a outra. Mas o que ninguém sabia era que os Templários planejavam criar seu próprio Estado, e não era um Estado qualquer. Era um que seria criado para suplantar a própria Igreja Católica e tinha em Áquila, a *Cidade dos 99*, a sua sede. O porquê disso nós já vimos, assim como as suas consequências. Portanto, vamos pular para o que aconteceu após a fatídica extinção dos Templários.

Do século XIV em diante, a sabedoria dessa ordem foi mantida graças às agremiações de artistas e pedreiros impulsionadas por ela. Nestas, estavam os embriões do que logo se tornaria a Rosacruz e a Maçonaria. Dessas guildas é que entra em cena Botticelli e Leonardo da Vinci, que são as figuras-chave seguintes na disseminação do mistério do Priorado de Sião. Mas antes vale ressaltar que só os Templários haviam sido dissolvidos. O Priorado de Sião conseguiu permanecer na obscuridade.

Agindo como membros diretos do Priorado, tanto Botticelli como Leonardo usaram a genialidade para passar o mistério do Graal e da cabeça de Jesus por meio de códigos secretos incutidos em suas maiores obras de arte. **Mas foi Leonardo quem primeiro apresentou ao mundo uma imagem concreta de um real descendente de Jesus.** Ele fez isso com tanto esmero que uma dessas imagens se tornaria a pintura mais famosa de todos os tempos, a Gioconda. Leonardo também fez uso de uma elaborada simbologia alquímica a fim de salientar a importância de Salai como o herdeiro do Graal, como o fato de tê-lo representado correspondendo ao Signo de Câncer em *A Última Ceia*, porque o símbolo desse signo é algo que lembra um 6 e um 9 deitados, o que remete claramente à figura do Andrógino.

A famosa Mona Lisa, que não tem nada a ver com a Gioconda do Louvre, é uma das mais sublimes representações de Salai como o herdeiro do Graal, e ficou provado que o seu nome nada mais é do que o anagrama da frase francesa MON SALAI. O francês foi utilizado por ser a língua mais corrente e "chique" da Europa naquela época, fora a ligação que o descendente de "Cristo" tem com a monarquia francesa.

Quanto ao destino de Salai, antes do seu obscuro assassinato em 1524, ele conseguiu se casar, sendo provável que tenha gerado um descendente, cuja identidade foi mantida em segredo, perpetuando daí a linhagem do Graal.

Mais de um século depois, o pintor Nicolas Poussin, que trabalhava no Vaticano, pesquisando a fundo a obra de Leonardo, consegue decifrar o segredo de Sião e oculta tais informações em sua belíssima pintura *Os Pastores da Arcádia*. Ao mesmo tempo, ele se envolve no escândalo de Nicolas Fouquet e escreve alguns manuscritos enigmáticos que mais tarde foram parar nas mãos da Marquesa de Blanchefort, proprietária das terras de Rennes-le-Château. Cem anos passados, o pároco desta aldeia descobre os manuscritos durante as reformas da igreja de Maria

Madalena. Era Bérenger Saunière, e, além dos manuscritos, ele também achou o corpo de Madalena escondido numa cripta subterrânea. Ao levar os manuscritos para Paris, com o apoio de alguns estudiosos, ele consegue decifrá-los e, então, decide voltar para a sua aldeia com cópias de três pinturas mui ímpares, sendo uma delas a representação da coroação do Papa Celestino V, que **se deu em Áquila**, o que demonstra que Saunière, nesta altura, sabia que o tesouro dos Templários não era mais do que a cabeça de Jesus escondida em alguma parte da *Cidade dos 99*.

Ciente de tal segredo, o padre passa o restante dos seus dias imerso em uma vida de luxo e ambição, semelhante ao modo em que os Templários viveram no passado. Ademais, um texto de sua autoria foi achado recentemente e nele o padre confessa que a ressurreição fora uma grande mentira e que a Igreja Católica é falsa e inimiga da verdade. Imaginem: um servo da Igreja levantando tão graves acusações contra sua própria instituição?! Será que é preciso falar mais alguma coisa sobre Saunière? Basta dizer que depois dele é que o enigma do Priorado de Sião se tornou público para o mundo todo.

Percebam como a maioria dos personagens ligados a essa história bebeu direta ou indiretamente da obra de Leonardo, já que ele é a fonte. Não é exagero dizer que Leonardo pode ser considerado o pivô desses mistérios. E sabem por quê? Ora, porque ele era membro do Priorado, viveu com um descendente de Jesus e foi um artista genial que trabalhou em famosas oficinas, como a Guilda de São Lucas? Sim, isso é óbvio. Mas sabem o porquê mesmo, ou seja, o real motivo que o levou a fazer parte disso tudo?

Leonardo da Vinci não foi escolhido ao acaso para fazer parte dessa saraivada de mistérios. **Ele viveu isso tudo porque também foi um legítimo representante da linhagem do Graal.**

Leonardo da Vinci também foi um descendente de Jesus?!

Não é óbvio?!

Epílogo

Apesar de fantástico, não é difícil entendê-lo. Vejamos alguns relatos sobre a **descomunal força física de Leonardo**. Dizem que ele era capaz de dobrar ferraduras e arrancar portas das dobradiças com as próprias mãos. Agora notem que **também há estórias semelhantes sobre a força física quase sobrenatural dos Merovíngios e de Godofredo de Bouillon**. Coincidências?! Na realidade, isso forma uma corrente que liga Leonardo aos primeiros reis da França, que, por sua vez, se ligam com Jesus.

Por falar em monarquia francesa, os reis franceses da época de Leonardo eram obcecados por ele. Não é à toa que o artista fez questão de morrer em solo francês ao se mudar para lá no final da sua vida. E sobre aquela famosa e fantasiosa lenda de que ele deu o último suspiro nos braços de Francisco I? Não há dúvidas! **Leonardo era mesmo um Merovíngio**!

Mas, sobre a colossal força dos Merovíngios, de Godofredo e de Leonardo, isso quer dizer que Jesus teve mesmo "poderes divinos"? Ora, não seria mais razoável supor que tais relatos são **simbólicos e surgiram como um código ou uma alusão para identificar os descendentes de Jesus**? Enfim, isso não vem ao caso agora. Falávamos de Francisco I... E aquele leão mecânico que Leonardo construiu para entreter este monarca? O leão autômato andava sozinho e, ao chegar perto do rei, o seu peito abria-se revelando um compartimento no qual saía um ramalhete de lírios, ou **flor de lis**. Vimos, em outra ocasião, que o artista se representara como um leão, mas sobre um leão que exibe um ramalhete de flores de lis saindo do peito, e para o Rei da França ainda por cima?! **É ou não é uma declaração explícita de que Leonardo tinha procedência merovíngia**?!

Outra evidência importante é a de que Leonardo, assim como Salai, também se autorretratou numa pintura como o "Cristo". Apesar de ser pouco conhecida, essa pintura foi achada recentemente e até então tem sido pouco divulgada. Seu nome é *Salvador Mundi*. Também existe uma obra que alguns alegam ser de Leonardo e que contém, como o *Salvador Mundi*, seu autorretrato, o **Sudário de Turim**. Realmente existe uma "teoria" de que Leonardo inventou a fotografia bem antes de esta ser descoberta e que a imagem que aparece no "Sudário" foi gerada por ele por meio de um processo fotográfico. Há sim muitos indícios que suportam tal tese, como provas indeléveis nos cadernos de Leonardo atestando que ele tinha um ótimo conhecimento de substâncias fotossensíveis e da câmera escura. Ademais, Leonardo era especialista em óptica, e já foi dito que o artista leu diversos trabalhos de Roger Bacon e Avicena, e estes já tinham falado de todas estas coisas antes, inclusive da fotografia.

Enfim, não vamos nos aprofundar tanto nisto agora. Maiores considerações a respeito se encontram no *Apêndice* do presente estudo. No entanto, gostaria de ressaltar a semelhança que há entre o rosto do Sudário e o de Leonardo. De fato, uma das maiores autoridades em análise forense de traços faciais examinou a imagem da suposta mortalha que cobriu Jesus e o comparou com outra do famoso autorretrato do artista, que **coincidentemente está em Turim e na mesma igreja em que o Sudário está**, e adivinhem só qual foi o resultado? O perito argumentou que, mesmo em um tribunal, ele diria com certeza que ambas as faces eram de uma única pessoa! Isso pode até ser possível, mas não prova que Leonardo foi um descendente de Jesus. Não ainda! Mas não deixa de ser tentadora tal evidência.

Agora vamos falar um pouco da infância de Leonardo. Se recordam daquele estranho episódio da águia que entrou em seu quarto e ficou batendo com a cauda nos lábios dele? De acordo com o artista, isto aconteceu em seu berço quando ainda era apenas um bebezinho. E o mais intrigante foi ele ter falado que aquele parecia ser o seu destino. Até então isso era incompreensível, mas, diante do que vimos anteriormente, fica fácil entender que Leonardo indiretamente nos disse que desde que nasceu já estava comprometido com o segredo de Áquila. O fato de a águia ter aberto a boca dele com a cauda para depois ficar batendo em seus lábios significa que **Leonardo sofreria punições, se, por acaso, "abrisse a boca" para falar da capital de Abruzzo**, ou seja, ele deveria manter silêncio em relação a isto. Daí o motivo de ele ter escrito que era o seu destino. Estaria aí uma forte evidência de que Leonardo nasceu predestinado ao enigma do Priorado de Sião?!

Por isso a relação dos pais dele foi tão ambígua, mas é em relação a Caterina que as coisas se complicam. Segundo o biógrafo Anônimo Gaddiano, ela "**nascera de bom sangue e de origem guelfa**", o que aumenta o problema. Afinal, o que ela foi realmente? Uma camponesa, uma escrava ou uma moça de boa família? E sobre a idade com a qual ela concebeu Leonardo, 22 anos? Não era costume da época que as mulheres da Toscana se "resguardassem" até essa idade. A maioria se comprometia muito cedo, tendo suas núpcias mesmo aos 15 ou 16 anos. Além do mais, Leonardo deixa claro que a relação dos seus pais, apesar de ter sido rápida, foi **sem dúvida apaixonada**. Senão, ele não escreveria isto:

> *"O homem que pratica o coito com reserva e arrependimento faz crianças irritadas e indignas de confiança. Ao contrário, se o coito se faz com grande amor e grande desejo dos dois, a criança será de grande inteligência e cheia de espírito, vivacidade e graça."*

Não é o que se espera encontrar de um Leonardo cientista, mas pelo menos serve para ilustrar que a relação entre Caterina e Ser Piero não foi algo casual e sem propósito. Com certeza esse relacionamento incomum **ocorreu única e exclusivamente para gerar um herdeiro da linhagem sagrada** ao juntar dois genuínos troncos de uma grande árvore genealógica que é a dos descendentes de Jesus e Madalena. Em outras palavras, teve que ser assim porque a "pureza" do sangue precisou ser preservada. É claro que Ser Piero e Caterina tiveram outros filhos de relacionamentos com pessoas que nada tinham de sangue Merovíngio. Porém, o trono da França não estaria destinado a nenhum deles, somente para Leonardo, que era o genuíno. Por isso ele foi tão especial! Assim se explica por que o ilegítimo filho de Ser Piero sempre conseguiu ascender rapidamente na sociedade. Mesmo que nunca tenha frequentado uma universidade, ele esteve nas melhores oficinas e nos melhores empregos junto aos nobres mais poderosos da Europa. Isso explica também os infortúnios e perseguições que sofreu em Florença antes de se mudar para Milão. Daí os Médicis terem enviado Leonardo para a corte de Ludovico Sforza a fim de lhe garantir a segurança. E é aí que entra a prova mais conclusiva de todas. A que demonstra de uma vez por todas que Leonardo também foi um descendente de Jesus:

Depois de algum tempo vivendo em Milão, Salai surge do nada para morar com o artista. Entretanto, isso não aconteceu simplesmente porque

Leonardo se sentiu na responsabilidade de cuidar do herdeiro do Graal. Isso aconteceu porque **Leonardo foi o PAI BIOLÓGICO de Salai.** Alguns de vocês podem já ter percebido esse detalhe quando estudamos a data 1480. Só que vocês ainda não sabem de um fato obscuro que ocorreu com Leonardo nos seus anos de angústia que vão desta data até a partida para Milão. Em um dos seus escritos, ele nos diz que **foi preso por ter feito o "Cristo criança".** Os historiadores nunca entenderam este fato. Se a prisão foi concreta, deve ter sido sigilosa, pois não existem registros dela. Mas, levando-se em consideração que isto se sucedeu após o nascimento de Salai, a hipótese mais evidente é a de que **Leonardo foi trancafiado por ter gerado o sucessor do Jesus**, pois a descrição *"Cristo criança"* se encaixa perfeitamente à figura de Salai como um bebê. Sobre a prisão, isso reforça a teoria de que a mudança para Milão foi uma medida de segurança.

Outro dado convincente são os desabafos paternos de Leonardo sobre as peraltices de Giacomo. Aí é importante abrir um parêntese para falar de um aspecto psicológico muito importante. Em algum momento vocês devem ter estranhado a equidade feita entre o endiabrado Giacomo e o divino Iniciado. O problema é que, na maioria dos casos, os grandes gênios não são dotados de uma qualidade em reconhecer ou perceber os anseios e os sentimentos dos seres humanos. Foi justamente isso que aconteceu com Leonardo, uma vez que ele não levou em consideração que Giacomo **era uma criança como outra qualquer.** Muito pelo contrário, Leonardo esperava mesmo era que o menino fosse perfeito como ele foi durante a infância, ainda mais porque era o novo descendente do Graal. A responsabilidade do pequeno Giacomo era enorme, só que, em vez de se comportar como um verdadeiro príncipe, ele preferiu agir como uma criança, o que é mais do que justo, e qual delas nunca roubou ou teve vontade de roubar moedas para comprar doces? Qual delas nunca comeu demais ou derramou bebida na mesa? Leonardo foi sim um ser frio, **incapaz de entender as falhas humanas.** Salai pode ter sido seu filho, mas geneticamente não herdou o talento do pai, **e isso é normal!** É aquela velha história... Pais advogados querem ter filhos advogados. Pais médicos costumam obrigar seus filhos a serem médicos também. E ai da cria que escolhe outro caminho... Pena que os historiadores não olharam por este prisma, e interpretaram mal os desabafos de Leonardo. Por causa disso, Salai entrou para a história como o pervertido e indisciplinado discípulo que só serviu para dar desgosto ao pobre artista.

Porém, os fatos falam mais alto. Salai sempre foi amado e mimado. Ganhava as melhores roupas e os melhores presentes. **Ele viveu como um príncipe!** Leonardo adorava apresentar o menino vestido como rei para os convidados durante as luxuosas festas que organizava na corte dos Sforza. Como um ser tão evoluído trataria tão bem um malfeitor? Que motivo teria? Por que Salai herdou as obras mais preciosas de Leonardo, e não Francesco Melzi? Duvido que algum especialista saiba dar a resposta. Eles não entendem de psicologia, julgaram uma criança como um adulto e ainda caíram no absurdo de dizer que o mestre foi um pederasta. **Leonardo odiava sexo.** Segundo ele, os órgãos genitais envolvidos na relação sexual são tão feios que, não fosse pela cara e encenação que os participantes fazem durante o ato, toda a raça humana se extinguiria.

Somando-se ao fato de que Giacomo era uma criança, deve-se também considerar que a ele foi imposta uma mudança radical aos 10 anos de idade. Afinal, como vocês reagiriam se seus pais os mandassem viver com outra pessoa em plena infância e sem uma explicação aparente? Com certeza isso iria lhes trazer uma certa perturbação, não é mesmo?! Não deve ter sido nada fácil para o garoto ter aceitado a mudança. Quando nasceu, foi impossível que o seu pai biológico cuidasse dele devido àquelas ameaças e perseguições infames. O menino foi viver então com uma obscura família bem longe da Toscana e o próprio Leonardo deve tê-la escolhido, já que os nomes dos pais adotivos de Giacomo coincidentemente lembravam muito os dos seus pais. Ao chegar o momento certo, que neste caso foi o **dia de Maria Madalena**, o garoto é retirado de seu lar adotivo e passa a viver com o seu verdadeiro genitor. É uma situação clássica que envolve um segredo de identidade. **Grande parte de histórias de heróis apresenta o mesmo esquema**, a criança é adotada porque é perigoso que sua identidade seja revelada. Em relação a isso, é importante saber que, durante muitos anos, a família adotiva de Salai **extorquiria Leonardo pedindo-lhe dinheiro e exigindo propriedades**, e a maneira como agiram é severamente chantagiosa. É como se lhe dissessem: "Ou nos dá o que queremos, ou contamos pra todo mundo, inclusive para Giacomo, que você tem um filho e quem é ele!" Difícil resistir, não? Leonardo sempre cedeu às exigências dos Caprotti. Por esse motivo Salai nunca desconfiou de quem eram seus pais biológicos, apesar de saber que descendia de Jesus. O máximo que o artista lhe falou foi esta insinuante frase, que consta no Códice Atlântico:

"Eu te alimentei com leite, como a um filho."

Daí a perturbação do efebo!

Não obstante, existe mais uma explicação, a de que Leonardo mais uma vez **enganou todo mundo ao colocar falsas informações em seus cadernos de anotações**. Digo isto por causa de uma **viagem inventada** que ele narrou, a que ocorreu na Turquia e sobre a qual ele disse que Salai furtou o próprio Sultão. Porém, hoje está provado que isto é **pura fantasia**. Daí, pergunto: **será que outros relatos de roubos também não seriam pura invenção?** Afinal, Leonardo não só foi um grande inventor de máquinas, como também era um talentoso contador de histórias e criador de fábulas. Quem sabe sua motivação não seria a de **manchar a reputação do menino de propósito?** Caso seus diários caíssem em mãos erradas, quem iria desconfiar daquele "infame efebo"? Aliás, não foi isso o que aconteceu com todos os estudiosos? Se isso for verdade, novamente Leonardo conseguiu ser bem-sucedido ao ludibriar as pessoas. Ainda bem que ele fez justiça ao expor a verdade em suas obras, mesmo que ocultamente. Ademais, tudo o que ele escreve a respeito das pirralhices do menino **não corresponde ao momento nas quais estas aconteceram**. As broncas só aparecem nos balanços anuais de contas e despesas. Isso significa que talvez elas tenham sido algo muito bem pensado e planejado, não acham?! Talvez nunca saibamos. Salai é mesmo um grande mistério!

Por fim, falta apenas o último e mais importante indício, o da **aparência física**. De tempos em tempos, surge alguém tentando resolver o enigma da identidade da Gioconda, mas todos falharam até agora. Contudo, uma das teorias que tiveram mais êxito é a de que tal obra seria um autorretrato de Leonardo da Vinci. Ainda hoje muitas pessoas acreditam nela, e não é em vão, pois, se Leonardo foi o pai biológico de Salai, é **óbvio que os dois possuíram traços físicos em comum**. Daí a confusão. Todavia, se vocês fizerem uma comparação entre a Gioconda e o famoso autorretrato de Turim, verão que certas características não se encaixam tão bem quanto a comparação daquela com a verdadeira Mona Lisa, pois esta sim se enquadra perfeitamente com os traços faciais da obra que está no Louvre. Outra coisa interessante é esta mulher pintada por Giampietrino:

    Giampietrino não foi aquele aluno de Leonardo que já estudamos e que também sabia acerca do Priorado de Sião? Correto! O conhecimento da obra de Giampietrino é indispensável para resolver essas charadas. A figura em questão é um estudo que Giampietrino fez com base no suposto apóstolo João da *Última Ceia* de Leonardo. De fato, foi esta gravura que **convenceu o próprio Carlo Pedretti de que havia mesmo uma mulher ao lado de Jesus**. Carlo Pedretti? Uma das autoridades mais incontestáveis sobre Leonardo da Vinci? Ele mesmo. Em 1979, ele já havia falado que o apóstolo João era uma dama. Vejam por quê:

Inacreditável?! Confiram, então, a seguinte comparação para fecharmos com chave de ouro:

Sem dúvida nenhuma, é a mãe de Salai!

A mãe de Salai, que ao mesmo tempo **é a mulher que aparece toda hora na obra de Leonardo**! Agora tudo ficou claro! Todo o mistério se esvaiu! As figuras que mais aparecem na obra de Leonardo são parecidas fisicamente e ambas possuem leves traços orientais em comum, já que todas elas descendem de um certo homem que supostamente viveu na Palestina há dois mil anos. Essa mulher misteriosa deve ter sido **a paixão secreta de Leonardo**, assim como Caterina foi a de Ser Piero, e com certeza ela também teve sangue Merovíngio. É uma pena que não sabemos o seu nome. Não há sequer uma única pista a respeito disso. Mas não tem problema, pois sabemos agora que o gênio da Toscana teve uma família. Querem vê-la reunida? **Então, apresento-lhes pela primeira vez a verdadeira família de Leonardo da Vinci**:

DA VINCI REVELADO

Claro que Nicolas Poussin não saberia apenas do segredo de Salai. Com tamanho conhecimento que tinha, ele fez questão de colocar a família que nunca foi conhecida de Leonardo, que são **os descendentes de Jesus e Maria Madalena, os protetores do Graal, do túmulo de Jesus e do tesouro de Áquila.** E aí está tudo o que precisamos saber! Finalmente, aqui se encerra este estudo! E de que melhor jeito poderia acabar?! Pois...

Começamos com os *Pastores da Arcádia*. Terminamos com os *Pastores da Arcádia*.

Os três quadros de Saunière se encaixaram como as peças de um quebra-cabeça! Todos eles contam a mesma história. Pastores, *Et in Arcadia ego*, 17 de janeiro, Celestino V, enfim... Tudo não passa de alusões sobre a *Cidade dos 99*, os restos mortais do "Filho de Deus" e a família portadora do Sangue Real.

FIM

Apêndice I

Leonardo da Vinci e o Sudário de Turim

O sudário reapareceu em 1357 em poder da viúva de Jean de Charney, neto do templário Geoffroy de Charney, que o exibiu na igreja de Lirey. Não foi dada nenhuma explicação para a sua súbita aparição, nem a sua veneração como relíquia, que foi imediatamente aceite. Henrique de Poitiers, arcebispo de Troyes, apoiado mais tarde pelo rei Carlos VI de França, declarou o sudário como uma impostura e proibiu a sua adoração. A peça conseguiu, no entanto, recolher um número considerável de admiradores que lutaram para manter a sua exibição nas igrejas. Em 1389, o bispo Pierre d'Arcis (sucessor de Henrique) denunciou a suposta relíquia como uma fraude fabricada por um pintor talentoso, numa carta a Clemente VII (em Avinhão). D'Arcis menciona: Até então tenho sido bem-sucedido a esconder o pano, e revela ainda que a verdade lhe fora confessada pelo próprio artista, que não é identificado. A carta descreve ainda o sudário com grande precisão. Aparentemente, os conselhos do bispo de Troyes não foram ouvidos visto que Clemente VII declarou a relíquia sagrada e ofereceu indulgências a quem peregrinasse para ver o sudário.

Em 1453, o sudário foi trocado por um castelo (não vendido porque a transação comercial de relíquias é proibida) com o duque Luís de Savóia. A nova aquisição do duque tornou-se na atração principal da recém-construída catedral de Chambéry, capital do Ducado de Savóia, de acordo com cronistas contemporâneos, envolvida em veludo carmim e guardada num relicário com pregos de prata e chave de ouro. O sudário foi mais uma vez declarado como relíquia verdadeira pelo Papa Júlio II em 1506.

Fonte: https://www.flickr.com/photos/anselmo_sousa/5315712692/

Considerações:

Em primeiro lugar, sudário é outra coisa. É o pano de Oviedo! Aqui será estudado o Manto (ou a Mortalha) de Turim, que é a denominação correta para o objeto.

A mortalha que apareceu em 1357 foi reconhecida facilmente como uma fraude. Pierre D'Arcys, seu predecessor, Henrique de Poitiers e o próprio Rei Carlos VII chegaram a essa conclusão depois de um estudo sobre a mortalha, ou seja, de que ela era uma falsificação grosseira, uma mera pintura, e sabemos que o "Sudário" de Turim não é uma pintura. Portanto, só poderia se tratar de um protótipo mais tosco do pano que conhecemos. Apesar de falso, o polêmico pano era venerado em 1357. O próprio Papa, que foi obrigado a permitir a exibição do objeto devido às suas ligações estreitas (favoritismo) com os De Charney, após várias evidências de que a "relíquia" era uma pintura, só admitiu que ela fosse exibida com uma única condição, **a de ser mostrada apenas como um retrato ou cópia da verdadeira mortalha.** O último proprietário que possuiu o pano antes de ele ser vendido para os Savóia foi uma parente dos de Charney, que fez uma exibição na Bélgica. Lá, três membros do clero fizeram um inquérito e **chegaram à mesma conclusão, de que esta mortalha era uma pintura.**

O objeto falso foi trocado por um castelo em 1453 porque o duque de Savóia, que era considerado um governante fraco e muito pio, realmente deve ter acreditado que se tratasse de uma relíquia real. Porém, aí há um detalhe surpreendente, **o duque só chegou a exibi-lo uma única vez e depois escondeu o pano por uns bons 40 anos.** O manto permaneceu esse tempo todo sem que ninguém tivesse notícias suas e ficou escondido do público. Por quê? A resposta é óbvia! Com certeza o duque deve ter descoberto também que era uma fraude, senão por que esconderia uma "relíquia" que foi trocada por um castelo, se isso iria lhe render lucro?

Depois dessas quatro décadas, o famigerado pano surge de novo, mas desta vez **algo supostamente "miraculoso" acontece.** De repente, todos se maravilharam com este objeto, que **logo foi visto como uma relíquia inquestionavelmente autêntica**, até pelo próprio Papa! Engraçado é que essa mudança súbita se deu **exatamente na época em que Leonardo da Vinci estava no auge e era um artista bem respeitado.** Ele também **mantinha relações estreitas com a família Savóia e o Papa.** Portanto, é de se supor que Leonardo tenha criado a sindone. Senão, como explicar que este objeto, enquanto esteve na França em 1357, foi tido como uma falsificação fajuta e do nada se transformasse numa autêntica relíquia, justamente na época e no lugar onde Leonardo trabalhava?! Como explicar tal mudança repentina de atitude?

A resposta é óbvia: **houve uma substituição de mortalhas**, enquanto a versão malfeita permaneceu escondida na *Casa di Savoia*. A família Savóia e o Papa tinham interesses bem claros e específicos para pedir a Leonardo que forjasse uma versão mais aprimorada e convincente do pano, uma vez que esse objeto acabou lhes trazendo poder e prestígio. Afinal de contas, a falsificação de relíquias era algo muito comum e bastante lucrativo nessa época. O resultado foi a que está em Turim, **"coincidentemente" no mesmo local onde se encontra o único autorretrato de Leonardo**. É por isso que, em 1506, a mortalha foi reconhecida novamente como relíquia verdadeira, uma vez que a de 1357 foi tida como uma fraude descarada.

*Evidências***:**

Vamos analisar algumas evidências que ligam Leonardo ao Manto de Turim. Mas antes vale lembrar que Leonardo da Vinci pode ser considerado um divisor de águas no que se refere à história da "sagrada" mortalha, pois antes dele o pano foi identificado como uma fraude, enquanto que depois tal fato não voltou a ocorrer até a datação do Carbono-14.

Secondo Pia, o advogado que em 1898 foi o responsável por tirar as primeiras fotos da sindone, demonstrou uma característica única e intrigante deste manto, a de que ele se comporta exatamente como um negativo fotográfico durante a revelação das chapas, o que sugere que a sindone **poderia ser uma fotografia**. Quem já viu o manto de perto sabe quão difícil é identificar uma figura humana lá retratada. A figura parece uma forma difusa, um desenho mal definido. Porém, quando Secondo Pia revelou as chapas, tomou o maior susto, pois de repente, daquela forma difusa, ele conseguiu distinguir uma figura humana com muito mais detalhe e nitidez. Foi como se uma forma bem definida surgisse do nada! Secondo concluiu que tal propriedade única só seria possível se o próprio manto fosse um negativo fotográfico, já que a imagem nítida que ele viu correspondia ao positivo. O advogado ficou tão assustado com essa experiência que quase deixou cair a chapa no chão. Extasiado pela descoberta, dizem que ele falou estar vendo a face de deus! **Por causa disso é que a mortalha ficou famosa mundialmente e começou a intrigar os cientistas.**

A experiência de Pia foi repetida mais vezes, sempre com os mesmos resultados. Não obstante, alguns "céticos" com inclinação cristã duvidaram, pois alegaram que, se fosse assim, o homem retratado no manto teria que ter longos cabelos e barbas brancas, e todos sabem que Jesus não tinha longos cabelos e barbas brancas. Mas existe uma pessoa que tinha longos cabelos e barbas brancas na época em que a sindone foi feita, e o seu nome é Leonardo da Vinci!

Há muitos indícios de que Leonardo da Vinci possa ter sido o inventor de uma **forma primitiva de fotografia**. Nos seus cadernos, existem citações e esboços de sua lavra que demonstram que ele estava por dentro do funcionamento da Câmara Escura. Vale lembrar que Leonardo era especialista em óptica e conhecia profundamente a obra de Roger Bacon, bem como experimentos alquímicos que envolviam a utilização de **substâncias fotossensíveis, como o nitrato de prata**. Isso tudo consta nos cadernos dele.

Leonardo também conhecia e descobriu técnicas avançadas de pintura que até hoje não foram decifradas e muito menos replicadas. Nesse ponto, ele estava muito à frente de seus contemporâneos. Uma radiografia feita em *João Batista* revelou que a obra só pode ter sido concebida como uma névoa, pois nenhum rastro de pincelada foi detectado, nem mesmo uma única evidência de técnica de pintura. A mesma situação ocorre com o anjo do *Batismo de Cristo*, de Verrocchio, que, segundo a lenda, o fez abandonar a pintura após constatar que havia sido superado pelo aluno.

Num documentário sobre o Manto de Turim feito para o programa *Decifrando o Passado* do *History Channel*, um pesquisador realizou um experimento numa câmara obscura com o uso de materiais químicos acessíveis na Renascença e o resultado foi que **é perfeitamente possível se criar uma imagem igual à da Mortalha de Turim por meio deste procedimento**, o que sustenta a teoria de Leonardo e a torna tão válida quanto qualquer outra. Aliás, após o experimento, alguns peritos analisaram lado a lado um retrato de Leonardo e o rosto do manto "sagrado", e o laudo é surpreendentemente positivo! O documentário também relata outras das teorias mais comuns que pretendem solucionar a sindone, mas no final fica claro que a melhor hipótese que consegue explicar todos os fenômenos e anomalias **é a da fotografia primitiva de Leonardo**.

Umas das coisas que sempre chamaram atenção dos estudiosos foram os pregos que estão fixados na região dos pulsos do homem da mortalha. O interessante é que **todas as cenas medievais da crucificação exibem os pregos fixados nas palmas das mãos**. É intrigante que muitos médicos alegam que tais representações não correspondem à realidade e que **o jeito certo de crucificar uma pessoa seria fixar os pregos justamente no lugar onde o lençol mostra, ou seja, nos pulsos**. Não precisa nem dizer que os católicos romanos adoraram tal evidência, mas vamos lá! Outro detalhe anatômico curiosíssimo é que os polegares do homem do manto estão **escondidos nas palmas das mãos** e não aparecem na imagem. Ora, isso é justamente o que acontece **quando se finca um prego no meio do pulso de alguém**. Melhor dizendo, a pressão dos pregos sobre o nervo mediano faz com que os polegares se contraiam para dentro das mãos. Os católicos adoraram mais ainda!

Realmente, **seria muito difícil** para um artista medieval ter acesso a tais informações anatômicas a fim de criar uma fraude que exibisse tanto conhecimento científico de dissecação e anatomia. Além do mais, as pinturas da época sempre retratavam Jesus crucificado da maneira errada. **Mas será que os católicos já podem cantar vitória?**

Sem querer estragar a festa deles (mas já estragando!), existe uma pessoa que viveu na época em que o "sagrado" manto foi inquestionavelmente considerado autêntico e, curiosamente, essa pessoa foi **a primeira a estudar cientificamente a dissecação de cadáveres e a anatomia** e, aliás, fez bastantes progressos em tais áreas. Quem foi essa pessoa? Leonardo da Vinci, é claro!

Em 2015, a polícia romana, após uma edição de imagem na Mortalha de Turim usando computação forense, noticiou como seria a verdadeira face de "Jesus" quando criança. Eis o resultado da análise:

Ora, é muito fácil perceber que **o rosto não é de um Judeu, mas de um europeu (que possui discretos traços orientais)**, e de um europeu que lembra bastante algumas pinturas já bem familiares ao nosso estudo, como estas:

SANTIAGO GALAHAD

Além desta de Poussin, é claro:

A criança reconstituída pela polícia italiana só reforça a hipótese de que foi Leonardo da Vinci quem criou a sindone ao retratar a si mesmo como o **legítimo descendente de Jesus**. Não é à toa que a imagem dela é bem familiar ao Salai, uma vez que este compartilha traços hereditários em comum com Leonardo justamente por ser seu filho biológico.

Apêndice II

Salai era amante de Leonardo da Vinci?

Essa é a tese defendida pela maioria dos historiadores que **não estudaram adequadamente a biografia de Leonardo.**

A pederastia era algo bastante corriqueiro na Atenas Clássica e, claro, foi revivida por alguns artistas da Renascença Italiana. Marsilio Ficino, filósofo renascentista, até cunhou o termo *Amor Platônico* para se referir a um tipo de atração especial, que podia ser até erótica, entre um homem mais velho (considerado o tutor) e um jovem rapaz (geralmente um menino), ao contrário da crença popular de que o *amor platônico* simbolizaria um amor ideal, inacessível, entre homem e mulher. Este estaria mais de acordo com o *Amor Trovadoresco*.

Mas...

Leonardo da Vinci **nunca pintou Salai quando este ainda era um menino,** como fez Caravaggio com seus mancebos. Salai, na verdade, era deveras protegido por Leonardo, que tratava o menino com muito luxo e regalias. Mas isso **não fazia parte da pederastia. Fora de cogitação! Nenhum tutor pederasta tratava seu mancebo dessa forma.**

Era condição *sine qua non* na pederastia que, quando o mancebo crescia e começava a aparecer pelos em sua face, o tutor teria que abandoná-lo, substituindo por outro rapaz mais jovem. Novamente, **não foi o caso de Salai,** que praticamente viveu com Leonardo até o final da vida do artista.

Também há o fato de que mancebos na pederastia **nunca herdavam posses ou favores pessoais de seus tutores**, já que eram vistos apenas como objetos de adoração estética. Já Salai, como vimos, herdou metade do vinhedo de Leonardo, bem como **suas mais importantes pinturas**, e no inventário de seus bens constava que era um homem de posses, que tinha uma rica propriedade e que alguns dos milaneses mais ilustres lhe deviam dinheiro. Isso, por si só, já **exclui totalmente a possibilidade de Leonardo ter sido um pederasta.**

Por último, temos também a fama de Salai ser muito mulherengo e que mais tarde acabou se casando com uma jovem chamada Bianca Coldiroli d'Annono, em 1523.

<u>Conclusão</u>: a tese forçada de que Salai era amante de Leonardo é **completamente infundada, desprovida de qualquer embasamento racional.**

Apêndice III

Notas sobre a infância de Leonardo

A infância de Leonardo ainda é um grande enigma, bem como a real identidade de sua mãe, Catarina.

Mas o mesmo não pode se dizer em relação a Salai, cuja infância foi muito bem notada e anotada. Se as anotações no caderno de registros anuais de Leonardo forem mesmo verdadeiras, o pequeno Salai foi visto sim como uma NÃO CRIANÇA, cujas travessuras, como roubar para comprar doces ou derramar vinho na mesa (coisas que TODAS as crianças já fizeram!), foram duramente repreendidas pelo artista, fato que deixou, infelizmente, Salai maculado aos olhos dos historiadores.

Ainda acerca da infância de Leonardo, sabe-se que ele teve uma relação muito vívida com o tio, que foi uma figura seminal em sua formação artística e científica. Especula-se que Leonardo também tenha sido bastante apegado à mãe.

Um documento achado em 1939 prova que o avô de Leonardo **registrou com orgulho** o nascimento do artista, bem como prova também a cerimônia de batismo. O pai de Leonardo também teria ficado impressionado com os desenhos primorosos da criança prodígio, fato que o levou a visitar o ateliê de Verrocchio a fim de matricular seu filho na famosa oficina florentina.

E, ao que tudo indica, Leonardo parece ter tido uma educação esmerada demais para uma criança considerada ilegítima. Há a possibilidade bem sólida de ele ter sido treinado pelo avô (ou pelo pai) para ser um notário, como veio a demonstrar em suas habilidades juvenis quando trabalhava para os Medici.

Apêndice IV

O PRESENTE LIVRO foi O PRIMEIRO a dizer que o CÓDIGO OCULTO da Gioconda de Leonardo da Vinci era o 666. Veja o que descobriram numa réplica nunca antes exposta da Gioconda do Louvre:

E que a identidade "misteriosa" da Gioconda era o SALAI, e o CÓDIGO 666 significava o NÚMERO 9 (6 + 6 + 6 = 18 / 1 + 8 = 9), que é o número do ANDRÓGINO ALQUÍMICO (de fato, a Gioconda é um ANDRÓGINO... Tanto que sempre perceberam que era um homem...), figura bastante comum e corriqueira na FLORENÇA (hermética) de Cósimo e Ficino, que idolatravam Platão e o Trismegisto. E não é de ver que, depois de uns bons anos, pesquisadores italianos descobriram LETRAS e NÚMEROS ocultos na Gioconda? Descobriram um S e um L nos OLHOS... Ora, S e L são AS ÚNICAS CONSOANTES DE SALAI. O número era o 72. Ora, 7 + 2 = 9. E o 72 estava bem embaixo da ponte (A VIA SECA) na pintura.